Bayerische Alpen

Bayerische Alpen

Traum in Weiß-blau

Reader's Digest

Deutschland · Schweiz · Österreich

Inhalt

Sonnenaufgang über den tief verschneiten Berchtesgadener Alpen an einem Wintermorgen. Mitten durch die glitzernde Schneelandschaft zieht ein Tourengeher seine Spur.

Am Ende des romantischen Klausbachtals im Berchtesgadener Land liegt die Bindalm. Von den vier Almhütten sind auch heute noch zwei bewirtschaftet. Das mächtige Kalkmassiv der Mühlstürzhörner überragt die saftigen Almwiesen, auf denen im Sommer Rinder aus Bischofswiesen weiden.

Beim alljährlichen Georgiritt zu Ehren des heiligen Georg sind ganze Dörfer wie hier am Ettendorfer Kirchlein bei Traunstein auf den Beinen. Mensch und Tier werden festlich herausgeputzt und tragen stolz die Insignien ihrer Heimat.

Grandiose Bergwelt im Süden Bayerns

Schroffe Hochgebirgsgipfel – darunter der höchste Deutschlands – und sanfte Kuppen, idyllische Seen, grüne Almen und dunkle Bergwälder bilden eine einzigartige Naturlandschaft, die der Mensch erst nach und nach erobert hat.

Längst sind Urlaub in den Bergen und Bergsport nicht mehr nur bei der älteren Generation beliebt, im Gegenteil: Immer mehr junge Menschen entdecken die Bayerischen Alpen als attraktives Freizeitziel und verlockende Erlebniswelt, zunächst im Kreis von Freunden, später dann als junge Familien. Der Alpinismus ist zur Trendsportart geworden. Auch die moderne Technik hat längst Einzug in die Berge gehalten – es geht (fast) nichts mehr ohne GPS, Hightech-Funktionskleidung und Spezial-Outdoorausrüstung. Ausgebaute Wege- und Straßennetze, Sessellifte und Kabinenbahnen sorgen wiederum dafür, dass auch weniger sportliche Menschen auf den Berg gelangen.

Allerdings darf man auch die Schattenseiten dieser Entwicklung nicht verschweigen: angefangen vom Stau auf der Autobahn bis hin zum Getümmel am Gipfelkreuz, vom Müll, der hinterlassen wird, von den „Abkürzungen", die viele Wanderer nur allzu gern ohne Rücksicht auf die empfindliche Vegetation der Almen nehmen, bis hin zur großräumigen Abholzung ökologisch wertvoller Bergwälder, um etwa Platz für Straßen, Skipisten und Lifte

Morgenstimmung in den Bayerischen Voralpen: Vom 1565 m hohen Jochberg blickt man über den Kochel- und den Walchensee, die noch im Nebel liegen.

zu schaffen. Auch das Naturerlebnis in den Bergen erfährt dadurch unter Umständen Einbußen, und das ist bei Weitem keine neue Entwicklung: Bereits 1926, nach dem Bau der Tiroler Zugspitzbahn, schrieb der Schriftsteller Kurt Tucholsky kritisch: „Die Zugspitzbahn ist ein Triumph menschlichen Erfindungsgeistes, ein Wunderstück deutscher Technik, die Überwindung der Elementargewalten durch die Kraft der Beharrlichkeit und etwas völlig Blödsinniges. Wenn ich Zugspitze wäre: Man müsste sich ja zu Tode schämen. (...) Der Berg ist ja kein Berg mehr. Entzaubert, von seinem Thron jäh heruntergeholt (...)."

Doch mögen die Bayerischen Alpen durch ihre technische und alpinistische Eroberung auch etwas von ihrem Zauber eingebüßt haben, verloren haben sie ihn keineswegs. Noch immer sind sie weit mehr als nur eine Trendregion für ambitionierte Bergsportler; sie sind nach wie vor auch ein Sehnsuchtsziel für Unzählige, das sowohl noch die ursprüngliche Natur des Hochgebirges als auch die zeitlose Idylle lieblicher Täler und jahrhundertealten Brauchtums verheißt. Und der weite Blick von vielfach eroberten und bevölkerten Bergplateaus lässt noch immer jene Ergriffenheit zu, die einst Goethe 1786 bei seiner Überquerung der Alpen in Richtung Italien angesichts dieser „neuen Welt der Gebürge" empfunden haben mag. Dazu trägt wesentlich die land-

Glasklar spiegeln sich die schroffen Kalkberge des Allgäuer Hauptkamms im stillen Guggersee über dem Stillachtal. Höchster Gipfel – der zweite von links – ist die 2645 m hohe Mädelegabel.

So ehrfurchtgebietend die Bayerische Bergwelt sich auch gibt, so empfindlich ist die besondere Natur dieser Alpenregion.

Beschaulich liegt die Kirche von Gaißach vor der mächtigen, 1801 m hohen Benediktenwand, einem der bekanntesten Bergmassive der Bayerischen Voralpen. Durch die zerklüftete Nordwand führen zahlreiche Kletterrouten.

schaftliche und geologische Vielseitigkeit der Gebirgszüge und der sie umgebenden Kulturlandschaften bei, aber auch, dass die Wirkung der Elementargewalten über Jahrmillionen heute deutlich zutage tritt und diese keineswegs gänzlich entmachtet sind.

Berge kennen keine Grenzen

Wo die Bayerischen Alpen eigentlich anfangen und wo sie enden, ist fast zu einer Glaubensfrage geworden. Im engeren Sinn rechnet man nämlich nur die Gebirgszüge dazu, die sich zwischen den Flüssen Lech und Saalach erstrecken. Doch wie verhält es sich dann mit den Allgäuer und erst recht mit den Berchtesgadener Alpen? Logischerweise werden mit dem Begriff Bayerische Alpen die Teile der Alpen bezeichnet, die in Bayern liegen. Die Alpenvereine von Deutschland, Österreich und der Schweiz haben sich deshalb auf eine erweiterte Definition geeinigt. Demnach zählen – von Westen nach Osten – folgende Gebirgsgruppen zu den Bayerischen Alpen: die Allgäuer Alpen, die Ammergauer Alpen, das Wettersteingebirge, die Bayerischen Voralpen, das Karwendel, die Chiemgauer Alpen und die Berchtesgadener Alpen. Das ändert allerdings nichts daran, dass sich Bayern fast alle Gebirgszüge mit dem Nachbarn Österreich teilen muss. Nicht selten liegen gerade die höchsten Gipfel nicht in Bayern, sondern in Tirol oder im Bundesland Salzburg, auch wenn sie alle bis auf die Chiemgauer Alpen die 2000er-Marke stolz übertreffen; zuweilen verläuft die deutsch-österreichische Grenze genau über die Gipfelregion, sogar über den Westgipfel des Zugspitzmassivs, dessen 2962 m hoher Ostgipfel Deutschlands höchsten Berg bildet. Alle Gebirgsmassive der Bayerischen Alpen sind Teil der Nördlichen Kalkalpen, was zugleich besagt, dass sie geologisch fast ausschließlich aus Kalken aufgebaut sind; zugleich gehören sie zu den Ostalpen, die östlich vom Bodensee beginnen und bis zum Wienerwald reichen.

In Sichtweite von Watzmann und Jenner befindet sich die Königsberg-alm, die in den Sommermonaten gern von Wanderern aufgesucht wird.

Jahrhundertelang galten die Alpen als feindliche, vor allem im Winter unzugängliche Landschaft. Die gefährliche Reise über die Alpen unternahm man nur, wenn es unvermeidlich war, um Handel zu treiben oder Krieg zu führen. Doch ab Mitte des 18. Jh. begannen in erster Linie Adelige und Gelehrte damit, die Alpen aus Abenteuerlust und Forscherdrang zu erkunden. Angeregt dazu wurden sie durch Dichter und Philosophen wie Jean-Jacques Rousseau (1712–1778) und seine schwärmerische Schilderung der Alpen und Albrecht von Haller (1708–1777), dessen Ge-

dicht *Die Alpen* die Schweizer Bergwelt verklärt. Ungefähr zur gleichen Zeit wurden auch die Bayerischen Alpen von Wissenschaftlern, Dichtern und Malern bereist und erforscht. Sie taten dies teils in staatlichem Auftrag – wie etwa Joseph von Obernberg (1761–1845) mit seinen *Reisen durch das König-reich Baiern* –, teils aus wissenschaftlichem Interesse wie Ludwig Steub (1812–1888), dessen Schriften *Aus dem bayerischen Hochlande* (1850) und *Wanderungen im bayerischen Gebirge* (1862) die bayerischen Alpenregionen einem breiteren Publikum bekannt machten. Auch Münchner Maler wie Wilhelm von Kobell (1766–1835) und Lorenz Quaglio (1793–1869) bereisten die Alpen und präsentierten ihren adeligen Mäzenen anschließend Bilder von bis dahin unbekannten Berglandschaften.

Sommers wie winters ist der 2276 m hohe Schneibstein, der auch die „Kleine Berchtesgadener Reibe" genannt wird, ein lohnendes und landschaftlich attraktives Tourenziel in den Berchtesgadener Alpen.

Touristen entdecken die Bergwelt

Den Beginn des Tourismus leitete 1858 der bayerische König Maximilian II. ein, der in Begleitung von Wissenschaftlern und Künstlern sowie einer ge-waltigen Entourage die mittlerweile klassische Touristenroute am Alpen-

nordrand entlang bereiste. Dieser Route folgen heute auch die Deutsche Alpenstraße und ein Europäischer Fernwanderweg.

Festgehalten wurde die legendäre Reise von dem Schriftsteller Friedrich Bodenstedt, der von den „bald großartigen, bald anmutigen Naturbildern" und der „behäbigen Wohlhabenheit" menschlicher Ansiedlungen schwärmte. Auch andere Bayernkönige, nicht zuletzt Ludwig II., „adelten" im 19. Jh. die Bayerischen Alpen als Ort der Sommerfrische, die in der Folge nach und nach auch für weitere Teile des Bürgertums möglich wurde. Als zudem das Eisenbahnnetz ausgebaut wurde – zunächst zwischen den bayerischen Städten, dann auch in Fremdenverkehrsorten wie Oberstdorf, Garmisch-Partenkirchen und Berchtesgaden –, war der Tourismus nicht mehr aufzuhalten. Vor allem für die Bewohner Münchens, Augsburgs und Stuttgarts rückten die Bayerischen Alpen in erreichbare Nähe.

Um der steigenden Anzahl von Gästen Herr zu werden, wurden Hotels und Pensionen gebaut, erste Reisebüros gegründet und geführte Touren angeboten. In den 1890er-Jahren entstanden die ersten Sportvereine und Clubs mit dem Ziel, auch den Winter als touristische Saison attraktiv zu machen. Insbesondere Skispringen, Rodeln und Eisstockschießen waren gefragt; aber auch das Skifahren gewann rasch an Popularität, nicht zuletzt ausgelöst durch den begeisterten Skifahrer und berühmten norwegischen Polarforscher Fridtjof Nansen.

Ab 1900 fuhren die ersten Touristen mit dem eigenen Auto in die Berge, und 1905 wurde die erste

1952 wurde das Schneefernerhaus unterhalb des Zugspitzgipfels feierlich wiedereröffnet. Rund 40 Jahre später musste der Hotelbetrieb jedoch aus wirtschaftlichen Gründen eingestellt werden.

Anno 1900 gingen die Damen noch im Kleid auf die Piste. Und auch damals war die Zugspitze schon en vogue.

öffentliche Omnibuslinie von Bad Tölz nach Lenggries eröffnet. Damit waren auch kleinere Orte in den Alpen erreichbar. Der Erste Weltkrieg bremste die touristische Entwicklung nur vorübergehend; bereits in den 1920er-Jahren wurden die ersten Omnibusse für Pauschalreisen eingesetzt. Bald baute man die ersten technischen Aufstiegshilfen, um die Berge leichter zugänglich zu machen. 1926 entstand die erste Seilbahn in Deutschland, die Kreuzeckbahn bei Garmisch-Partenkirchen, 1929/30 folgte die Zugspitz-Zahnradbahn. Als 1936 in Garmisch-Partenkirchen die Olympischen Winterspiele ausgetragen wurden, hatte sich der Wintersport auch als Breitensport in den Bayerischen Alpen etabliert.

Durch den Ausbruch des Zweiten Weltkriegs nahm die touristische Entwicklung zwar ein jähes Ende, allerdings setzte sie in den 1950er-Jahren nur umso rasanter wieder ein, mit anhaltend steigender Tendenz. Bereits ab 1948 fuhren die ersten Touropa-Sonderzüge in den oberbayerischen Chiemgau, und bald stieg Ruhpolding zu einem der beliebtesten Ferienziele der Deutschen auf. Bis heute ist der Tourismus für die gesamte Alpenregion sommers und erst recht winters ein überragender Wirtschaftsfaktor, der nicht ohne zuweilen drastische Folgen für die Natur und das Landschaftsbild bleiben konnte.

Eine der schönsten und beliebtesten Wanderungen in den Bayerischen Voralpen führt vom Tegernsee auf die Neureuth, eine Almhütte, von deren Terrasse man einen traumhaften Ausblick auf den See und die umgebende Bergwelt hat.

Wer schützt die Alpen vor ihren „Freunden"?

Um das Wachstum in geordnete und für die Natur verträgliche Bahnen zu lenken, wurde bereits 1972 im Rahmen des Landesentwicklungsprogramms Bayern die Verordnung Erholungslandschaft Alpen, kurz „Alpenplan" genannt, verabschiedet. Sie hat das Ziel, die Erschließung der Bayerischen Alpen so zu steuern, dass Tourismus weiterhin ermöglicht wird, aber ohne die Lebens- und Arbeitsbedingungen der einheimischen Bevölkerung und die Naturschönheiten der Landschaft zu beeinträchtigen. Auch der völkerrechtliche Vertrag der Alpenkonvention zum Schutz der Alpen, der 1989 von sämtlichen Alpenländern und der EU ratifiziert wurde, zielt auf eine Synthese von Naturschutz, Landschaftspflege, Energiewirtschaft und Tourismus ab. Zudem haben sich viele Naturschutzverbände den Schutz des Ökosystems Alpen zum Anliegen gemacht; besondere Schutzzonen wie der Nationalpark Berchtesgaden sowie die Naturparks Nagelfluhkette und

Karwendel sollen den Lebensraum und den Schutz gefährdeter alpiner Pflanzen und Tiere sichern.

Eine wichtige Rolle für den alpinen Tourismus und die Bewahrung der Naturschönheit der Bayerischen Alpen spielt auch der Ende des 19. Jh. gegründete Deutsche Alpenverein. Seine Anfänge waren noch recht bescheiden. Im Mai 1869 gründete eine Gruppe deutscher und österreichischer Bergfreunde in München den Deutschen Alpenverein mit dem Ziel, den deutschen Alpenraum zu erforschen, besser zugänglich zu machen und regelmäßig erscheinende Schriften zu alpinen Themen herauszugeben. An dieser Grundidee hat sich bis heute, über 140 Jahre später, wenig geändert – auch wenn der Deutsche Alpenverein mit über 850 000 Mitgliedern inzwischen der größte Bergsportverband der Welt ist.

Längst hat der Alpenverein sein etwas altmodisch-elitäres Image abgelegt und sich von seiner zeitweiligen nationalistischen Gesinnung, mit der er sich in den 1930er-Jahren auch von den Nationalsozialisten vereinnahmen ließ, befreit. Mittlerweile gibt es deutschlandweit über 350 Sektionen; noch nie war Bergsport so beliebt wie heute, in allen gesellschaftlichen Schichten und Altersgruppen. An sie alle, u. a. Bergsteiger, Kletterer und Skitourengeher, wendet sich der Deutsche Alpenverein mit Publikationen, Kursen, Gruppentouren und sportlichen Einrichtungen wie Kletterhallen. Nur durch den Einsatz unzähliger Ehrenamtlicher konnten insgesamt 327 öffentlich zugängliche Hütten gebaut und an die 30 000 km Wege angelegt werden. Viele Tausende von Freiwilligen sorgen dafür, dass diese Einrichtungen instand gehalten werden.

Seit den 1980er- und 1990er-Jahren sieht es der Deutsche Alpenverein überdies als eine seiner wesentlichen Aufgaben an, den zunehmend gefährdeten Lebensraum Alpen zu schützen und zu bewahren und Bergsport und Naturschutz in Einklang zu bringen.

Vom Spitzingsee im Mangfallgebirge erreicht man das Rotwandhaus (oben links) auf mehreren Wegen – je nach Kondition und Ambition über die „Normalstrecke" oder über den Pfanngraben. Ein Vorläuferbau des Rotwandhauses war bereits 1891 eröffnet worden.

Eine besonders reizvolle Bergwanderung im Karwendel bietet der Passamani-Rundweg um die Karwendelgrube. Die Beschilderung und Pflege der Wanderwege gehört zu den Hauptaufgaben des Deutschen Alpenvereins (oben).

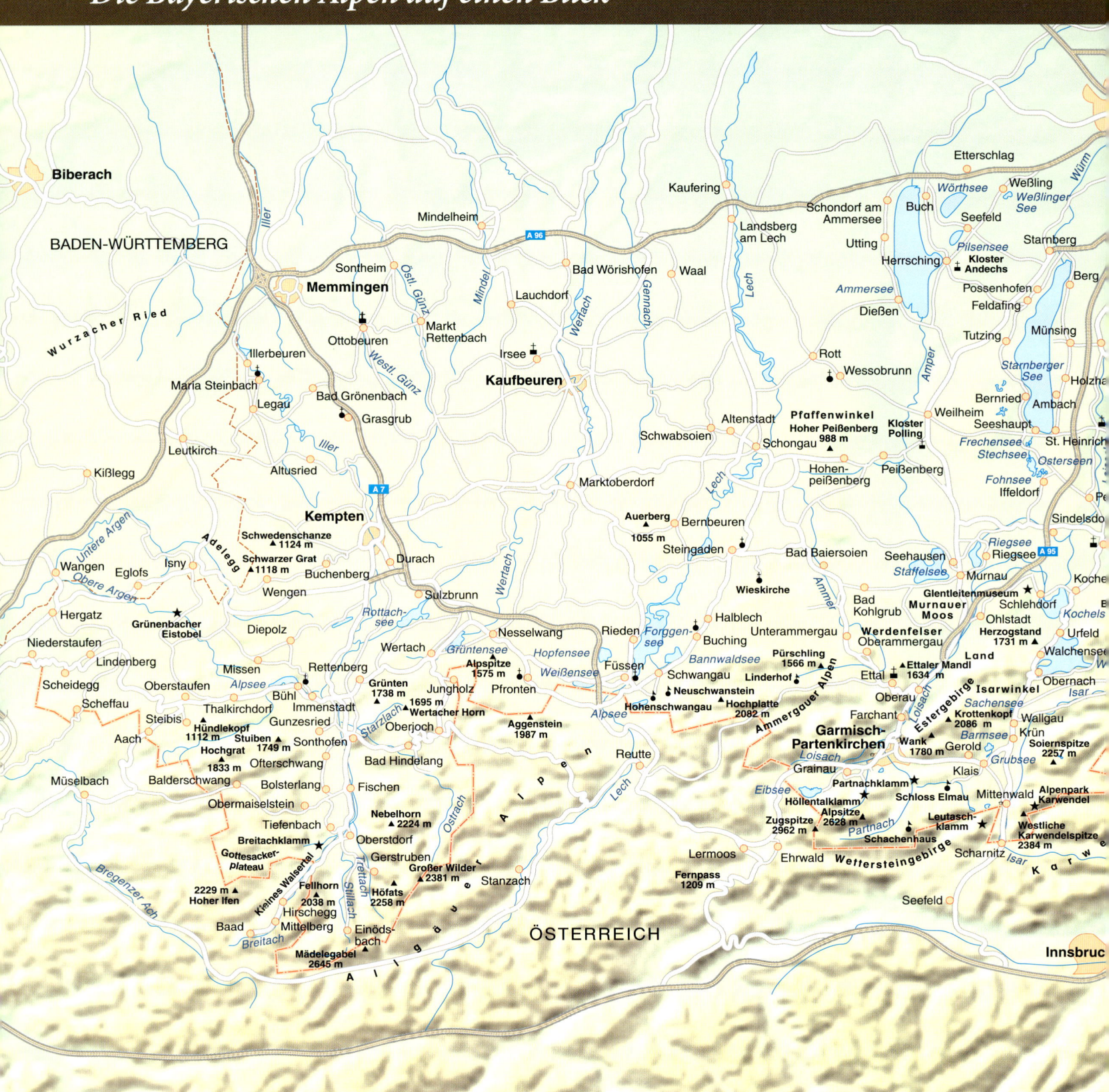

Wenngleich der Name anderes vermuten lässt, ist das Gebirge, das man unter dem Begriff Bayerische Alpen zusammenfasst, kein kompaktes Gesamtgebilde. Vielmehr gliedert es sich in diverse Einzelmassive. Diese erstrecken sich von den Berchtesgadener Alpen ganz im Osten über die Chiemgauer Alpen, das Kaisergebirge, die Bayerischen Voralpen, das Karwendel und das Wettersteingebirge bis hin zu den Ammergauer Alpen und den Allgäuer Alpen ganz im Westen. Das klingt gewaltig, allerdings liegt keines dieser Gebirgsmassive vollständig auf bayerischem Gebiet: Ein mehr oder weniger großer Anteil gehört jeweils zu Österreich. Verglichen mit anderen Alpenanrainerländern wie beispielsweise Österreich, der Schweiz, Italien und Frankreich ist denn auch der Alpenanteil in Bayern recht gering; er umfasst lediglich rund 4200 km². Und doch sind die Bayern nicht zu Unrecht so stolz auf ihre Alpen: Dank ihrer geologischen und klimatischen Vielfalt stellen sie einen einzigartigen Naturraum dar. Aus diesem Grund verwundert es auch nicht, dass die Bayerischen Alpen relativ dicht besiedelt sind: Knapp 500 000 Menschen leben in dieser von vielen Flusstälern durchzogenen Berglandschaft.

Allgäuer Alpen – vom Hochgrat bis zur Mädelegabel

Die Allgäuer Alpen mit ihren steilen Grasbergen bieten eine ungewöhnliche geologische Vielfalt und gelten als besonders artenreicher Natur- und Lebensraum.

Keineswegs sind die Allgäuer Alpen gleichzusetzen mit dem Allgäu, das auch Teile des Alpenvorlands umfasst. Die Allgäuer Alpen befinden sich östlich des Bodensees am westlichen Rand der Kalkalpen und damit zu gut einem Drittel auf österreichischem Gebiet. Auch der höchste Berg der Allgäuer Alpen, der 2656 m hohe Große Krottenkopf, liegt in Österreich – in Tirol –, während sich der deutsche Teil mit der „nur" 2595 m hohen Trettachspitze begnügen muss, die mit Mädelegabel (2645 m) und Hochfrottspitze (2649 m) den Hauptkamm der Allgäuer Alpen bildet.

Die besondere geologische Vielfalt der Gebirgsgruppe ergibt ein sehr abwechslungsreiches Landschaftsbild. Die Allgäuer Alpen bestehen aus bis zu 250 Mio. Jahre alten Gesteinsschichten, die durch den Druck der Kontinentalplatten gehoben und übereinandergeschoben wurden. Diesen Erdbewegungen verdanken sie auch ihre besondere Ausrichtung: Der Hauptkamm der Gebirgsgruppe verläuft an ihrem südöstlichen und östlichen Rand, nicht in der Mitte. Von diesem gehen zahlreiche unterschiedlich lange Bergkämme ab; die nach Norden und Nordwesten führenden Bergkämme und Täler sind länger als jene, die sich nach Süden erstrecken. Der westliche Teil der Allgäuer Alpen weist keinen durchgehenden Haupt-

Zu den wohl bekanntesten Blütenpflanzen der Allgäuer Grasberge zählt die Alpenrose (oben).

Ein großer Teil der Bergwiesen in den Allgäuer Alpen (rechts) wird im Sommer von Kühen beweidet.

kamm auf, sondern zwischen Fellhorn und Widderstein eine vorgelagerte Reihe von Gipfeln, an die sich das hintere Kleinwalsertal anschließt. Die südwestliche Begrenzung des Tals bilden die Karstlandschaften des Hohen Ifen und des Gottesackerplateaus. Weiter nördlich erstrecken sich niederere Flyschberge, die in eine allgäutypische Nagelfluhkette aus verfestigten Molasseschichten übergehen.

Hoch über dem Oytal liegt auf 1628 m in einer eiszeitlichen Karnische der Seealpsee. An klaren Tagen konkurriert sein leuchtend blaues Wasser mit der Farbe des Himmels über ihm.

Botanische Raritäten

Durch ihre Lage am nördlichen Rand der Alpen ist die Bergregion, in der sich ein kleiner Gletscher und einige Ewigschneefelder erhalten haben, sehr niederschlagsreich. Die unterschiedlichen Gesteinsarten bringen eine artenreiche Pflanzenwelt hervor: Neben Hauptdolomit in den Gipfelregionen, Flysch und Molasse bzw. Nagelfluh ist es vor allem der kalk- und manganreiche Fleckenmergel, der für fruchtbare Böden sogar in Höhen von über 2000 m sorgt. Und so gibt es in den Allgäuer Alpen nicht nur steile Grasberge und saftige Almwiesen, sondern auch viele Pflanzenarten wie Schachblumen oder Strauß-Glockenblumen, die man andernorts in den Bayerischen Alpen vergeblich sucht. Gesichert werden soll diese biologische Vielfalt durch das europäische Biotopverbundnetz NATURA 2000, dem ein Teil der Allgäuer Alpen, die

In den Allgäuer Bergen sind alle Gesteinsarten vertreten, die im Alpenraum vorkommen können.

Der Allgäuer Bergwanderführer Hans Schmid

Seit über zehn Jahren führt Hans Schmid nun schon Gäste in die Bergwelt rund um sein Heimatdorf Fischen, eines der fünf „Hörnerdörfer" im Allgäu, benannt nach den Bergen ringsum, die fast alle ein „Horn" im Namen haben. „Für meine Bergwanderungen kann man sich beim Fremdenverkehrsbüro in Fischen anmelden. Je nach persönlichen Vorlieben und Kondition biete ich verschiedene Touren an", erzählt der Bergführer. Er kennt die Gegend wie seine Westentasche, weist unterwegs auf besondere Pflanzen hin und beschreibt anschaulich das harte Leben der „Älpler", wie die Senner im Allgäu genannt werden.

Eine bei den Gästen besonders beliebte Wanderung ist der landschaftlich reizvolle Rundweg zur urigen Alpe Ornach auf 1586 m Höhe, wo Senn Mathias Martin seine Besucher in die Kunst des Käsens einführt, Kostprobe inklusive. Die Höhenwanderung „Hörner-Tour" führt in verschiedenen Schwierigkeitsgraden durch das Landschaftsschutzgebiet Hörnerkette. „Oft können sich die Gäste selbst nicht gut einschätzen", berichtet Schmid, „und neigen dazu, sich zu viel zuzutrauen." Bei anspruchsvollen Bergtouren etwa auf das Walmendinger Horn oder das Nebelhorn trifft sich der erfahrene Wanderführer deshalb bereits am Vortag mit der Gruppe und erkundigt sich nach Trittsicherheit, Schwindelfreiheit und Kondition. Dann wählt er eine geeignete Tour aus und weist auf eventuelle Gefahren im Gebirge hin.

Hans Schmid hat das Bergsteigen beim Gebirgsbataillon der Bundeswehr gelernt und ist seit über 40 Jahren bei der Feuerwehr. Mit Notfällen und Erster Hilfe kennt er sich also bestens aus – Letztere muss er oft auch am Schuhwerk leisten. „Es kommt fast häufiger vor, dass ein Wanderer seine Schuhsohle halb verliert, als dass sich jemand verletzt." Nie fehlen dürfen bei der Ausrüstung auch der Regenanorak und ein kleiner Schirm, denn in den regenreichen Allgäuer Alpen schlägt das Wetter schnell und heftig um.

Das Allgäuer Braunvieh ist bestens an die Bergwelt angepasst.

Zahlreiche Gebirgsbäche sorgen in den Allgäuer Alpen für Erfrischung beim Wandern.

20 800 ha großen Allgäuer Hochalpen, seit 2002 angehört; zudem ist die Bergregion seit 1992 als Naturschutzgebiet ausgewiesen.

Eine von Bergsteigern und Bergwanderern geschätzte Besonderheit der Gebirgsgruppe sind die ausgedehnten Höhenwege, bei denen man über mehrere Tage von Hütte zu Hütte wandert, ohne in bewohnte Täler absteigen. Der bekannteste Höhenweg ist der Heilbronner Weg, der südlich von Oberstdorf beginnt.

Schrothkur in Oberstaufen

Der Weg zum Naturpark Nagelfluhkette führt über den bekannten Kurort Oberstaufen, der im Norden an die sanften Hügel des Alpenvorlands grenzt, während sich im Süden die Bergwelt der Allgäuer Alpen öffnet. Seinen wirtschaftlichen Aufstieg und seine Popularität als Kurort verdankt Oberstaufen dem Fuhrmann Johann Schroth, der im 19. Jh. eine nach ihm benannte Kur zur Entgiftung des Körpers und Anregung der Selbstheilungskräfte entwickelte. Mitte des 20. Jh. brachte der Arzt Dr. Hermann Brosig die Schrothkur nach Oberstaufen, damals bereits ein bekannter Kneipp-Kurort. Bis heute ist Oberstaufen das einzige offiziell anerkannte Schroth-Heilbad in Deutschland. An die bäuerlich geprägte Vergangenheit des Ortes erinnern mehrere historische Handwerker- und Bauernhäuser im Zentrum sowie das Bauernhausmuseum S'Huimatle.

Blumenreiche Bergwiesen säumen den Wanderweg auf dem lang gezogenen Kamm der Nagelfluhberge vom Hochgrat Richtung Rindalphorn.

Wanderer, Bergsteiger und Wintersportler zieht es in den Oberstaufener Ortsteil Steibis, an dem der weitläufige Naturpark Nagelfluhkette beginnt. Letzterer wird von vier großen Tälern durchquert, die in Ost-West-Richtung dem Verlauf der Bergketten folgen. Seinen Namen verdankt er dem für die Voralpen typischen Gestein Nagelfluh, das im Allgäu auch „Herrgottsbeton" genannt wird. Es besteht aus Lockersedimenten – vielen einzelnen abgelagerten Steinen, auch Flusskieseln –, die im Lauf der Zeit zu einem Konglomerat verbacken wurden.

Der höchste Gipfel der Nagelfluhkette ist der 1833 m hohe Hochgrat, der dank seiner exponierten Lage und symmetrischen Form bereits von Weitem erkennbar ist. Seine Nordseite ist von steilen Abbrüchen, die Südseite von Grashängen geprägt. Das Nagelfluhgestein des Hochgrat bietet aufgrund seiner Sandstein- und Mergelschichten ideale Bedingungen für einen großen Artenreichtum an Wiesen- und Gebirgsblumen: Hier gedeihen u. a. Blauer Eisenhut, Arnika, Aurikel, Gelber und Blauer Frühlings- und Stängelloser Enzian sowie Silberdisteln.

Einer der stimmungsvollsten Plätze der Immenstädter Altstadt ist der Klosterplatz mit der Kirche St. Josef des ehemaligen Kapuzinerklosters. Auch der Hirtenjunge und die Ziegen aus Bronze, die den Steinbrunnen umrunden, tragen zur idyllischen Stimmung bei.

Immenstadt – die älteste Stadt des Oberallgäus

Das „Städtle", wie Immenstadt in der Gegend auch genannt wird, besticht durch seine schöne Lage im engen Tal der Iller; es ist von bewaldeten Höhenzügen umgeben und nicht weit vom Großen Alpsee entfernt. Dieser ist mit 247 ha der größte Natursee des Allgäus und der einzige See im Naturpark Nagelfluhkette. Zwischen Immenstadt und Großem Alpsee erstreckt sich noch sein „kleiner Bruder", der Kleine Alpsee, dessen beheiztes Freibad im Sommer Jung und Alt anzieht. 1269 erstmals als „Ymmendorf" erwähnt, erhielt der Ort 1360 vom Grafen zu Montfort-Tettnang die Stadtrechte. Die junge Stadt wuchs rasch und gewann durch den Handel mit Salz, Leinen und Korn sowie als Umschlagplatz für Butter, Käse und Schmalz an wirtschaftlicher Bedeutung. 1567 kauften die Freiherren zu Königsegg den aufstrebenden Ort und bauten ihn zu ihrer Residenz aus. Der Dreißigjährige Krieg, Pestepidemien und mehrere Brände schwächten die Stadt erheblich. Anfang des 19. Jh. kam Immenstadt für kurze Zeit zu Tirol, wurde aber 1805 von bayerischen Truppen befreit.

Immenstadt gilt als Wiege der Allgäuer Milchwirtschaft, die zu Beginn des 19. Jh. nach und nach den Ackerbau ablöste. Die Tradition ist noch heute lebendig, besitzt der Ort doch als einzige Stadt Bayerns Alpen und einen Viehscheid. Geschichte und Entwicklung der Allgäuer Milchwirtschaft stehen denn auch im Mittelpunkt des Bergbauernmuseums, des ersten seiner Art im Allgäu.

Wer heute nach Immenstadt kommt, erlebt einen geschäftigen Ort mit dem Marienplatz als gewachsenem Zentrum. Die Mariensäule von 1773 wurde zum Dank für eine überstandene Pestepidemie aufgestellt. Die Brunnenanlage entstand erst 1988; ihre bronzenen Figuren zeigen die verschiedenen Gewerbezweige der Stadt: Alp- und Landwirtschaft, Handwerk und Industrie. Am Marienplatz steht auch das Rathaus, 1640 als herrschaftliches Privathaus erbaut und 1753 zum Rathaus umgestaltet. An der Westseite des Platzes befindet sich das ehemalige Schloss, das die Freiherren zu Königsegg 1550 errichten ließen.

St. Nikolaus, die Pfarrkirche von Immenstadt, stammt aus dem frühen 18. Jh. und wurde 1907/08 im neoklassizistischen Stil umgebaut. Hinter der Kirche bietet der stille Klostergarten eine Oase der Ruhe. Ursprünglich gehörte er zum ehemaligen Kapuziner-

Quer über die Allgäuer Alpen führte eine bedeutende Salzstraße direkt an Immenstadt vorbei.

kloster St. Josef, heute ist er auch der Öffentlichkeit zugänglich. Die frühere Klosterkirche St. Josef von 1653 blieb 1945, als das Kloster bei einem Bombenangriff schwer beschädigt wurde, wie durch ein Wunder unversehrt. Vor der Kirche erinnert die Skulptur eines Kapuzinermönchs mit zwei Kindern an den Brauch der Brüder, ihr Brot an Arme zu verteilen. Die Skulpturengruppe mit Hirt und Ziegen am Brunnen auf dem Klosterplatz wiederum hält fest, dass die Immenstädter im 19. Jh. Ziegen gehalten haben, die selbstverständlich zum Stadtbild gehörten.

Auf Immenstadts Bedeutung als Salzstadt verweist die etwa 1 km nördlich auf einem Hügel oberhalb der Iller liegende Burgruine Laubenbergerstein. Bereits im Mittelalter gab es hier eine Brücke, die große Bedeutung für den Salzhandel auf der Oberen Tiroler Salzstraße von Tirol zum Bodensee hatte. Zum Schutz der Brücke und um Wegezoll erheben zu können, ließ der Bischof von Augsburg die Burg Laubenbergerstein im 12. Jh. errichten. Seit 1559 ist sie nicht mehr bewohnt und war lange Zeit dem Verfall preisgegeben. Mittlerweile ist die Ruine größtenteils saniert und kann besichtigt werden.

Fünf Berge ragen unmittelbar bei Immenstadt auf: im Süden der 1451 m hohe Mittag, der östlichste Berg

Am Wochenende zieht es die Immenstädter auf die nahen Berge oder zum Großen Alpsee (oben), auf dem sogar gesegelt wird.

Den Mittelpunkt Immenstadts bildet der Marienplatz mit der Mariensäule (links): Das Rathaus und die prächtigen Bürgerhäuser zeugen vom frühen Wohlstand der Stadt.

Entdeckungsreise durch die
Allgäuer Bergwelt – einst und heute

Authentischer kann ein Museum nicht sein: Auf dem weitläufigen Gelände des Bergbauernmuseums Immenstadt im Stadtteil Diepolz wurden mehrere historische Gebäude originalgetreu wiederaufgebaut, die sich auf einem abwechslungsreichen Rundweg erkunden lassen. Dass das Bergbauernmuseum ein „lebendes" Museum ist, wird bereits beim ersten Gebäude deutlich, einem Bauernhof, auf dem der Museumsbauer Richard Wiedemann mit seiner Familie lebt. Der Hof wurde 1787 erstmals erwähnt und ist ein sogenannter Einhof, wie er damals typisch für das Allgäu war: Haus, Stall und Scheune befinden sich unter einem Dach. Ein Teil der Scheune ist als Museum ausgebaut, das sich der

wichtigsten Grundlage der bäuerlichen Wirtschaft im Allgäu widmet, der Kuh. Sogar einen Melksimulator gibt es hier, den Besucher auch gern ausprobieren dürfen.

Nebenan leben Berta, Tina, Hulda, Zamba, Ronja und Aster – die hauseigenen Kühe, allesamt Vertreter der kleinen, aber zähen Allgäuer Rasse. Den Sommer über sind sie Tag und Nacht draußen und fressen das kräuterreiche Berggras, das ihre Milch so aromatisch macht. Den Winter verbringen sie im Stall.

Auch auf dem Sattler-Hof aus Schöllang ist heute noch alles so, wie es vor rund 100 Jahren war. Und anders als in den meisten Museen dürfen Besucher hier vieles anfassen, Schub-

laden und Schränke öffnen und außerdem der Hauswirtschafterin oder dem Wagner, also dem Wagenmacher, bei ihrer Arbeit zusehen. Die original erhaltene Höfle-Alpe, eine Sennalpe, wurde 1872 bei Oberstdorf für etwa 100 Kühe gebaut. 2001 wurde sie Stück für Stück abgetragen und ins Bergbauernmuseum transportiert.

Vom „blauen"
zum „grünen" Allgäu

In der historischen Käsküche wird vor den Augen der Besucher Käse hergestellt, den man auch probieren kann, während man ganz nebenbei einiges über die Entwicklung der für die Region so wichtigen Milchwirtschaft erfährt. Wer weiß schon, dass die Menschen im Allgäu im 18. Jh. vom blau blühenden Flachs und der Leinenweberei lebten? Damals kam der Beiname „blaues Allgäu" auf. Doch durch die Erfindung des mechanischen Webstuhls und die zu-

nehmende Verbreitung der Baumwolle verarmte die Region. Zum Glück erkannte der Allgäuer Großbauer Carl Hirnbein als Erster das Potenzial der kräuterreichen Bergwiesen für die Milchwirtschaft. Nach Lehrjahren im belgischen Städtchen Limburg eröffnete Hirnbein 1830 in Wilhams eine Weichkäserei und stellte den ersten Allgäuer Limburger her, einen aromatischen Weichkäse. Die Entwicklung zum „Käseland Allgäu" war eingeläutet. Seine Initiative brachte Hirnbein im Volksmund den ehrenvollen Beinamen „Notwender" ein.

In der historischen Käsküche des Bergbauernmuseums in Diepolz (oben links) kann man die Entwicklung der für das Allgäu so bedeutenden Milchwirtschaft „handgreiflich" nachvollziehen.

Eindrücklich wird im selben Museum auch das karge und oftmals harte Leben der Allgäuer Bergbauern dokumentiert (oben rechts).

In den steilen Hanglagen wie hier auf einer Almwiese auf dem Hochgrat (großes Bild) wird noch heute das Gras mit der Sense gemäht.

der Nagefluhkette; südwestlich das 1498 m hohe Immenstädter Horn; südöstlich der 1660 m hohe Steineberg und der 1749 m hohe Stuiben; und westlich das Gschwender Horn, dessen Gipfel auf 1450 m Höhe liegt. Allen Immenstädter Hausbergen ist eines gemeinsam: Sie sind allesamt aus Nagefluh aufgebaut, dem für die Allgäuer Alpen so typischen Gestein.

Gunzesrieder Tal – Geburtsort des Allgäuer Emmentalers

Um 1900 kamen die ersten Sommerfrischler ins Gunzesrieder Tal, eines der schönsten Hochtäler des Oberallgäus. Nach und nach entdeckten immer mehr Städter die reizvolle Gebirgslandschaft. Auch für den Wintersport wurde das Tal der Gunzesrieder Ach, das im Norden von der Nagelfluhkette und im Süden von den Flyschbergen der Hörnergruppe eingerahmt ist, früh erschlossen; bereits vor dem Ersten Weltkrieg kamen die ersten Skifahrer hierher. In den 1920er-Jahren war die Region so populär, dass Sonderzüge für die Tourengeher eingesetzt wurden. Daran hat sich bis heute nicht viel geändert: Noch immer ist das Gunzesrieder Tal sommers wie winters ein attraktives Ausflugs- und Urlaubsziel.

Der Name „Gunzesried" geht auf die ersten Siedler zurück, alemannische Bauern, die im 7. Jh. hier Wald rodeten, das Ried – Sumpfland – urbar machten und sich ansiedelten. Ihre junge Siedlung benannten sie nach dem alemannischen Eigennamen „Gunzhart" oder „Gunzo". Die Bauern erkannten früh, dass sich die üppigen Alpwiesen für die Viehzucht und Milchwirt-

Für den original Allgäuer Emmentaler wie hier in der Bergbauernsennerei in Ofterschwang im Gunzesrieder Tal darf nur naturbelassene Milch verwendet werden. Diese Rohmilch muss einen besonders hohen Reinheitsgrad aufweisen.

Das über 10 km lange Gunzesrieder Tal, ein Hochtal westlich des Illertals, ist bekannt für seine stille, sanfte Landschaft und seine üppigen grünen Wiesen.

schaft eigneten: Bereits um 820 wurde von der Alpe Gelchenwang Käse an den fränkischen Hof in Kempten geliefert. Seit über 1000 Jahren treiben die Gunzesrieder Bauern also ihr Vieh auf die Alpen und verarbeiten die Milch vor Ort zu Käse, Butter und Zieger, wie der Quark hier heißt. Neben der Milchwirtschaft wurden bis ins 19. Jh. Winterfutter für die Tiere, Getreide für den eigenen Bedarf sowie Flachs angebaut. Durch Spinnen und Weben wurde der Flachs zu Leinen weiterverarbeitet und verkauft. Doch so förderlich der Bau der Eisenbahn für den Fremdenverkehr und den Käseabsatz war, so verheerend wirkte er sich auf den Flachsanbau aus: Mit der Eisenbahn kam die günstigere und hochwertigere Baumwolle.

Doch zum Glück hatte das Gunzesrieder Tal noch die Milchwirtschaft als zweites Standbein. Insbesondere die Gründung der Emmentaler-Käserei durch den Schweizer Senn Johann Althaus um 1830 auf der Au-Alpe war ein wichtiger Meilenstein. Bis heute gilt das Gunzesrieder Tal als Geburtsstätte des Allgäuer Emmentalers. Schon bald begann man, den haltbaren und wohlschmeckenden Hartkäse aus Rohmilch nicht nur auf der Alpe, sondern auch im Tal zu produzieren. 1892 gründeten Gunzesrieder Bauern eine Sennerei-Genossenschaft und erbauten das heute noch existierende Gebäude. Trotz des Strukturwandels der Milchwirtschaft hielten die einheimischen Bauern auch nach den 1950er-Jahren, als die meisten Dorfsennereien im Allgäu aufgegeben wurden, an ihrer Sennerei fest.

Mit der Bergbahn auf den Grünten

Wächter des Allgäus wird er genannt, der 1738 m hohe Grünten, dessen Gipfel ein 92 m hoher Sendeturm des Bayerischen Rundfunks ziert. Man kann den Gipfel ab Markt Rettenberg in rund 2,5 Stunden zu Fuß besteigen oder man fährt in 10 Minuten mit der weiß-blauen Grüntenseilbahn – die Farben verraten ihren Besitzer, den Bayerischen Rundfunk – zur Bergstation auf 1720 m Höhe. Allerdings verkehrt die Bahn nur donnerstags und auch nur im Sommerhalbjahr. Auf dem Gipfel des Grünten kann man bei klarer Sicht über das Illertal und den Großen Alpsee bis zur Zugspitze sehen.

Sonthofen – Marktort mit Geschichte

Zwischen Iller und Ostrach und umgeben von den Allgäuer Alpen liegt der Luftkurort Sonthofen, das wirtschaftliche, kulturelle und touristische Zentrum des oberen Allgäus. In seiner Frühzeit lebte der 1429 zum Markt erhobene Ort vom Salzhandel und vom Erzabbau am Grünten. Von der Mitte des 19. Jh. an wurden dann auf dem Marktanger große Viehmärkte abgehalten, zu denen die Leute von weither anreisten. Später kamen Stoffhandel und Metall verarbeitende Industrie dazu. Große Teile der historischen Altstadt wurden im Zweiten Weltkrieg zerstört, so auch die Pfarrkirche St. Michael, die in Anlehnung an den neoromanischen Vorgängerbau wiederaufgebaut wurde. Weitgehend erhalten geblieben ist die Frauenkapelle vom Ende des 17. Jh. In einem ehemaligen Bauernhof aus dem 16. Jh. mit schönem Bauerngarten ist das liebevoll ausgestattete Heimatmuseum untergebracht. 2005 wurde Sonthofen für sein besonderes Engagement zum Schutz des Alpenraums als „Alpenstadt des Jahres" ausgezeichnet.

Oberstdorf – die südlichste Gemeinde Deutschlands

Am Ende des Illertals, umgeben von imposanten Gipfeln, liegt der heilklima-
tische Kurort und Kneipp-Kurort Oberstdorf, der das ganze Jahr über einer
der beliebtesten Urlaubsorte des Allgäus ist. Unterhalb des Ortes fließen die
Trettach, die Stillach und die Breitach, alle drei Quellbäche der Iller, zusammen. Für Autofahrer ist Oberstdorf weitestgehend gesperrt, sie werden auf
einen großen Parkplatz am Ortseingang verwiesen.

Dörflich-bäuerlich ist Oberstdorf nur noch an manchen Stellen, denn
1865 zerstörte ein verheerender Brand große Teile des Ortes, so auch die

danach wieder aufgebaute Pfarrkirche St. Johannes
Baptist, deren spitzer Turm weithin sichtbar ist. Zu den
ältesten Gebäuden des Ortes zählt das Trettachhäusle
von 1694. Ebenfalls vom Feuer verschont geblieben ist
ein schönes Bauernhaus aus dem 17. Jh., in dem heute
das Heimatmuseum untergebracht ist. Auf dem Friedhof
von Oberstdorf befindet sich das Grab der Schriftstelle-
rin Gertrud von Le Fort, die wegen ihres angegriffenen
Gesundheitszustands nach Oberstdorf kam und bis zu
ihrem Tod 1971 dort lebte. Sie stand u. a. mit Hermann
Hesse und Carl Zuckmayer in Verbindung, dessen Eltern
hier ebenfalls ihre letzte Ruhe fanden.

Dem Fluss Breitach verdankt Oberstdorf ein einzig-
artiges Naturdenkmal: die Breitachklamm bei Tiefen-
bach. Typisch für eine solche Klamm ist, dass sie sich
meist am Ende eines Hängetals eingekerbt hat, das während der letzten Eiszeit nach Abschmelzen der großen
Gletscher entstanden ist, in diesem Fall des Breitachglet-
schers. Damals floss die Breitach über 75 m höher als die
Iller. Durch diesen Höhenunterschied hat sich der rei-

ßende Gebirgsfluss im Lauf von Millionen Jahren so stark in die Felsen eingegraben, dass sich eine Klamm, eine enge Schlucht mit teilweise überhängenden Felswänden, gebildet hat. Auf dem Weg zwischen dem Hängetal und dem Illertal stürzt das Wasser in mehreren Wasserfällen in die Tiefe, wodurch sich die Breitach immer weiter in den Felsen frisst.

Die Breitachklamm, die sich auf einem gut gesicherten, 2,5 km langen Steig durchqueren lässt, beeindruckt durch ihre Felsformationen und ihre extremen Engstellen. Während im Eingangsbereich und am Ende der Klamm die Breitach relativ ruhig fließt und eine breite Schlucht bildet, verengt sich das Tal im mittleren Bereich auf wenige Meter; hier befindet sich die eigentliche Klamm. Hohe, senkrechte und mitunter überhängende Wände ragen zu beiden Seiten des Flussbetts auf, an manchen Stellen muss man den Kopf einziehen. Mit jedem Meter eröffnen sich neue Perspektiven: Mal donnert das wilde Wasser über Felsbänke und führt große Äste und Zweige mit sich, mal sprudelt es durch tiefe Gumpen oder versprüht feinste Tröpfchen. Beeindruckend sind auch die Lichteffekte: An manchen Stellen hat die düstere Wand noch nie einen Sonnenstrahl abbekommen, während andere Felsen und Steine im Sonnenlicht glänzen.

So schön dieses Naturschauspiel auch ist – man sollte nicht vergessen, dass die Klamm auch zur unberechenbaren Gefahr werden kann. Vor einigen Jahren wurde in der Breitachklamm mit 6,60 m der bislang höchste Wasserstand über dem Normalpegel erreicht. Zudem sind bereits mehrmals große Gesteinsbrocken abgebrochen und in die Tiefe gestürzt – zum Glück wurde dabei niemand verletzt.

Im Winter sehen die gefrorenen Eisformationen der Breitachklamm bei Oberstdorf wie ein surrealistisches Kunstwerk aus.

Rohrmoostal und Hirschgundtal

Westlich von Oberstdorf erstreckt sich oberhalb der 1000-Meter-Grenze das malerische Rohrmoostal mit dem Weiler Rohrmoos. Westlich von Rohrmoos entspringt die Starzlach, weshalb das Tal auch Starzlachtal genannt wird. Dank seiner abgeschiedenen Lage – das Tal ist nur über eine Mautstraße zu erreichen, es gibt keine Busverbindung – ist der Ort vom Massentourismus weitgehend verschont geblieben. Im Sommer finden Wanderer und Radfahrer schöne Wege, im Winter zieht es Winterwanderer und Skilangläufer hierher. Auch die Historie von Rohrmoos weist einige Besonderheiten auf: Der Weiler mitsamt den umliegenden Wäldern, Wiesen und Alpen gehört seit über 500 Jahren den Fürsten Waldburg-Wolfegg. Einer davon, der Truchsess Jakob von Waldburg-Wolfegg, ließ 1586 in Rohrmoos eine kleine Holzkapelle erbauen, die noch heute erhalten und damit die älteste Holzkapelle Süddeutschlands ist. Ab 1587 wurde sie mit prächtigen, farbenfrohen Fresken auf Kalkgrund ausgemalt. Die Malereien wurden 1901 restauriert; besonders auffällig ist das Gemälde an der Westseite der Kapelle, eine dramatische Darstellung des Jüngsten Gerichts mit Teufelsgestalten und in der Hölle leidenden Sündern.

Ganz am Ende des Tals, das im hinteren Bereich Hirschgundtal heißt, liegt der gleichnamige kleine Weiler. Vor allem Mountainbiker schätzen das unberührte Gebiet und fahren von dort auf die urige Piesenalpe unterhalb des Piesenkopfs auf 1630 m Höhe. Wanderer machen sich von Hirschgund aus auf den Weg zu den beiden Hirschgund-Alpen: der Unteren Hirschgund-Alpe auf 1300 m Höhe und der Oberen Hirschgund-Alpe auf 1594 m. Auch hier betritt man geschichtsträchtigen Boden, denn die beiden Alpen wurden erstmals 1446 erwähnt und gehören seit vielen Jahrhunderten zur fürstlichen Oberförsterei Waldburg-Wolfegg. Beide Alpen sind renoviert und werden im Sommer als Jungviehalpen genutzt. Von dort aus führt ein etwas anstrengender Weg auf den 1922 m hohen Hirscheck. Bei Bergwanderern beliebt ist der Abstieg ins Löwenthal und von dort hinauf zum Gottesackerplateau, einer einzigartigen Karstlandschaft in den Allgäuer Alpen.

Naturwunder Gottesackerplateau

Seinem Namen alle Ehre macht das Gottesackerplateau, eine karge und öde Karstlandschaft, die sich zwischen dem Ifen und den Oberen Gottesackerwänden ausbreitet, teils auf deutschem, teils auf österreichischem Gebiet. Kein Wunder, dass die mystisch wirkende Landschaft schon früh die Fantasie der Menschen angeregt hat und eine Sage zu

Knapp 12 km von Oberstdorf entfernt und umgeben von bewaldeten Höhen, steht in rund 1100 m Höhe die St. Anna-Kapelle aus dem 16. Jh., die älteste Holzkapelle Süddeutschlands.

ihrer Entstehung überliefert ist. Demnach soll ein armer alter Mann einst über das Ifenkar und seine üppigen, grünen Wiesen gewandert sein. Weil er großen Hunger hatte, bat er an einer Alpe den Senn, einen der reichsten der Gegend, um ein wenig Schmalz. Doch dieser war hartherzig und geizig und gab dem alten Mann eine Schale voller Mist, den er mit ein wenig Schmalz zugedeckt hatte. Die Strafe Gottes folgte auf dem Fuß: Kaum war der alte Mann weitergezogen, erbebte die Erde und verschlang die Alpe mit dem Senn und dem gesamten Vieh. Und seitdem erstreckt sich auf dem Plateau eine Felsenwüste, die den Namen „Gottesacker" bekam, ein altertümliches Wort für Friedhof.

Doch auch geologisch ist die unter Naturschutz gestellte Karstlandschaft des Gottesackerplateaus außerordentlich interessant: Sie besteht aus Kalkgestein, das vor 110 bis 120 Mio. Jahren während der Kreidezeit abgelagert wurde, dem „Schrattenkalk". Dank der vielen Rillen und Klüfte im Gestein, der „Karren", läuft Regen und Schmelzwasser unter der nackten Gesteinsoberfläche ab. Darüber hinaus gibt es mehrere, teils recht große Karsthöhlen; bekannt sind vor allem das Hölloch im Mahdtal und das österreichische Schneckloch auf der Westseite des Ifen.

Den vielleicht schönsten Blick auf das ausgedehnte Karstplateau hat man vom Gipfel des Hahnenköpfle auf 2085 m Höhe, den man in rund 1,5 Stunden ab der Bergstation der Ifenbahn erreicht. Der schmale Pfad zum Gipfel ist markiert und führt über Karstfelder und immer wieder auch üppig bewachsene grüne Buckel und schließlich zum Plateau mit der verfallenen Gottesackeralpe, einst die größte Alpe der Region.

Die bizarre Karstlandschaft des Gottesackerplateaus hoch über dem Kleinwalsertal gab mit ihren tiefen Klüften, Höhlen und nackten Kalkfelsen Anlass zu zahlreichen Sagen und Mythen.

Stillachtal und Mädelegabel

Südlich von Oberstdorf erstreckt sich das lang gezogene Stillachtal, auch Birgsautal genannt. Eine teils geteerte, teils geschotterte Straße durchquert das landschaftlich reizvolle und recht stille Tal. Bis zum Parkplatz der Fellhornbahn darf man die schmale Straße sogar mit dem Auto befahren, danach ist sie für den öffentlichen Verkehr gesperrt. Dafür fährt ein Wanderbus zwischen Oberstdorf und dem Weiler Birgsau, der etwa 2,5 km taleinwärts liegt. Obwohl Birgsau die größte Siedlung im Tal ist, umfasst es nur ein knappes Dutzend Häuser sowie die sehenswerte Kapelle St. Wendelin. Kurz hinter Birgsau teilt sich der Weg: Links führt er hinauf nach Einödsbach, rechts ins Rappenalptal. Das malerische Einödsbach besteht aus einer Gastwirtschaft, drei Bauernhäusern und der barocken Kapelle St. Katharina. Wenn man von hier noch einige Hundert Meter nach links in das Bacherloch geht, blickt man auf die imposanten Gipfel der Trettachspitze und Mädelegabel. Zwar ist die Trettachspitze (2595 m) der höchste deutsche Allgäugipfel, doch für viele Allgäuer ist die Mädelegabel (2645 m) in der Mitte des Allgäuer Hauptkamms der schönste Berg der Allgäuer Alpen, auch wenn Bayern sie mit Österreich teilen muss. Genau auf ihrem Grat verläuft die deutsch-österreichische Grenze. Dritte im Bunde des Allgäuer Dreigestirns ist die Hochfrottspitze mit 2649 m Höhe.

Ab Einödsbach werden die Wege anspruchsvoller und steiler. Ambitionierte Wanderer folgen dem steil ansteigenden Weg ins Bacherloch und erreichen zunächst die Enzianhütte auf 1804 m und später die Rappenseehütte auf 2091 m Höhe, ein beliebter Ausgangspunkt für den Heilbronner Weg.

Eines der beliebtesten Fotomotive in den Allgäuer Alpen ist der Blick von dem kleinen Dorf Einödsbach am Ende des gleichnamigen Tals auf die 2645 m hohe Mädelegabel (oben rechts).

Vom Bacherlochtal, vom Berghang des Wildengundkopfs aus, hat man eine nicht minder imposante Aussicht auf den Gipfel der Mädelegabel (oben links).

Traditionsreicher Felsensteig für trittsichere Wanderer

Einmalige Gipfelerlebnisse und grandiose Ausblicke, teilweise mit 360-Grad-Panorama, charakterisieren den rund 3 km langen, hochalpinen Höhenweg über den Hauptkamm der Allgäuer Alpen. Allerdings sollte man den auf durchschnittlich 2500 m Höhe verlaufenden Weg nicht unterschätzen, denn mit seinen schmalen Trittspuren und seilgesicherten Stellen ist er mehr ein Klettersteig als ein Weg.

Seinen Namen verdankt er der gleichnamigen Sektion des Deutschen Alpenvereins, die sich zunächst mit finanzieller Unterstützung und später auch kulinarisch an diesem gewagten Bauprojekt beteiligte: Bei der Einweihungsfeier 1899 lieferten die Heilbronner den Wein, für den das Heilbronner Unterland noch heute bekannt ist.

1885 entwarf Anton Spiehler, ein Lehrer aus Memmingen, ein komplettes Wegenetz für den Lechtaler Alpenhauptkamm, und bald darauf trugen sich gleich mehrere Sektionen des Alpenvereins mit dem Gedanken, den Entwurf zu verwirklichen. 1892 wurden die ersten Wege zur Mädelegabel und zum Großen Krottenkopf gebaut, doch wenig später ging den engagierten Alpinisten das Geld aus. Glücklicherweise kündigte 1895 die Sektion Heilbronn an, die Finanzierung zu bezuschussen. Im August 1896 war es dann so weit: Die Brüder Klein aus Rubi erhielten den Auftrag, den späteren Heilbronner Weg anzulegen. Doch aufgrund des schlechten Wetters mussten die Arbeiten mehrfach unterbrochen werden, wodurch sich die für 1898 geplante Eröffnung um ein Jahr verschob. Wie gut die Brüder damals gearbeitet haben, zeigt sich daran, dass der Heilbronner Weg über so viele Jahre hinweg Bestand hatte. Erst in den 1960er-Jahren brach eine Felsnadel ab, und 1985 zerstörte ein Blitz einige Seilsicherungen. Deshalb wurde der Weg im Jahr 2000 komplett überholt und neu gesichert.

Die idyllisch über dem Rappenalptal gelegene Rappenseehütte (unten links) bildet den Ausgangspunkt für den beliebten Heilbronner Weg.

Über eine Eisenleiter erreicht man von der Rappenseehütte den Steinschartenkopf, den mit 2615 m höchsten Punkt des Heilbronner Wegs (unten rechts).

Die Entstehung der Bayerischen Alpen

Wo sich heute auf rund 260 km Länge und 10 bis 30 km Breite
die Bayerischen Alpen erstrecken, gab es vor über 200 Mio. Jahren
nur ein gewaltiges Urmeer.

Beim Blick von der Zugspitze offenbart sich mit ein wenig Vorstellungskraft die Entstehungsgeschichte der Alpen als gewaltiges Faltengebirge.

Um zu verstehen, wie aus diesem Urmeer, dem Tethysmeer, ein so abwechslungsreiches Gebirge entstehen konnte, ist ein Exkurs in die Erdgeschichte notwendig. Die Oberfläche der Erde besteht aus mehreren großen tektonischen Platten, zu denen auch die Kontinentalplatten – die Platten, auf denen sich die Kontinente befinden – gehören. Da diese Platten auf dem glutflüssigen Erdmantel schwimmen, sind sie beweglich und stoßen gelegentlich auch aufeinander, wobei sie zusammengeschoben, emporgehoben, zerbrochen und übereinandergeschoben werden.

Diese bis heute anhaltende tektonische Bewegung führte vor rund 60 Mio. Jahren zur Entstehung der Alpen und damit auch der Bayerischen Alpen. Auf dem Boden des Tethysmeers zwischen den Urkontinenten Afrika und Europa hatten sich im Lauf der Zeit mächtige Sand- und Kalkschichten abgelagert, die sich im Lauf von Jahrmillionen zu Sand- und Kalkstein verfestigten. Als sich gegen Ende der Kreidezeit die europäische und die afrikanische Kontinentalplatte aufeinander zubewegten, wurden die mächtigen

Etwa ein Viertel des Allgäuer Naturparks Nagelfluhkette nehmen die
Flyschberge ein, die überwiegend
aus weicheren kreidezeitlichen
Gesteinen aufgebaut sind. Die
ältesten Flyschberge sind die Gipfel
der Hörnergruppe.

Gesteinsschichten aufgefaltet; der ehemalige Meeresboden wurde immer
weiter emporgedrückt – die Geburtsstunde der Alpen, die zu den typischen
Faltengebirgen gezählt werden. Die entstandenen Gipfelketten waren Wind
und Wetter ausgesetzt, sodass die oberen Gesteinsschichten im Lauf der Zeit
abgetragen wurden und tiefer liegende Schichten an die Oberfläche traten.
Durch diese ständige Erosion und die Wirkung gewaltiger Gletscher während der späteren Eiszeiten erhielten die Bayerischen Alpen ihre heutige
unverwechselbare Gestalt.

Kalkalpen – Voralpen – Alpenvorland

Die komplexe geologische Entstehungsgeschichte der Bayerischen Alpen
spiegelt sich in ihrer vielfältigen Landschaft wider. Heute nehmen ihre tektonischen Decken – wie man die übereinandergeschobenen Gesteinskörper
nennt – schmale, von West nach Ost verlaufende Gebiete am nördlichen
Rand der Alpen ein. An die Nördlichen Kalkalpen
schließen sich nach Norden hin die Flyschberge an,
dann die aus kreidezeitlichen Schichten aufgebauten
Berge aus dem sogenannten Helvetikum und schließlich am Übergang zum Alpenvorland die aus verfestigten und gefalteten Molasseschichten aufgebauten
Voralpen. Ursprünglich waren diese Gesteinskörper,
die heute so nah beieinanderliegen, Hunderte Kilometer voneinander
entfernt. Zunächst hatten sich im Süden die kalkalpinen Decken übereinan-
der- geschoben. Danach setzten sich im Urmeer die Ablagerungen des Flysch
ab – durch Schlamm, der sich in einem Becken im Urmeer sammelte. Heute
bilden die aus den Schichten des Flysch aufgebauten, überwiegend gerunde-
ten Berge einen mehrere Kilometer breiten Voralpenstreifen zwischen den
Kalkalpen und dem Alpenvorland.

*Auch die in einem riesigen Becken
nördlich der Alpen abgelagerten
Gesteinsschichten wurden teilweise
in die Alpenfaltung einbezogen.*

Die typischen Flyschberge sind sanft und gleichmäßig geformt und
weisen kaum größere Felswände auf; sie sind meist bewaldet und vergleichsweise niedrig. Weil sie aus Ton-, Mergel- und Sandsteinen aufgebaut sind,
staut sich das Wasser leicht, die Gesteine verwittern, und es kommt oft zu

In der Gipfelzone des Hochgrats sind die Konglomerate der Nagelfluhschichten besonders gut zu erkennen.

Hangrutschungen. Dies erklärt den Namen „Flysch" – Schweizerisch für „das Fließende". Ein typischer Berg der Flyschzone ist das Hörnle bei Murnau.

Die Gesteine des Helvetikum – auch dieser Name kommt aus den Schweizer Alpen, wo diese tektonische Einheit großräumig auftritt – entstanden in der Kreidezeit sowie im Alttertiär. Anders als die Flyschgesteine lagerten sie sich nicht im Urmeer ab, sondern an der südlichen Küste und im küstennahen Bereich der europäischen Kontinentalplatte.

Molasse und Nagelfluh

Gesteine aus dem Helvetikum finden sich vor allem im Oberallgäu, etwa am Hohen Ifen und am Grünten. Die Kalk- und Sandsteine des Grünten lassen sich besonders gut im Steinbruch an der Schanz erkennen. In Oberbayern gibt es nur vereinzelt Gesteine aus dem Helvetikum, die in einem schmalen Streifen am Nordrand der Alpen zutage treten, etwa in Neubeuern im Inntal oder bei Siegsdorf im Chiemgau. Die dortigen „Adelholzener Schichten" sind reich an Fossilien. Durch die Auffaltung entstanden südlich und nördlich der Bayerischen Alpen große Senken oder Tröge, gleichzeitig wurden aber auch ungeheure Schuttmengen frei. Diese wurden von den großen Flüssen in die nördliche Senke befördert. Zuerst wurde der grobe Schotter abgelagert, während Sand und Ton weiter nach Norden transportiert wurden und dort Molasse – weiche, trogförmige Schichten – bildeten. Deshalb bezeichnet man das Alpenvorland auch als einen Molassetrog.

Eine Besonderheit der alpennahen Molasse ist der im Allgäu anzutreffende Nagelfluh. Bei diesem Gestein verfestigte sich der ursprünglich weiche Schotter durch den Druck später überlagerter Sedimente und den Kalk, der aus dem Wasser ausgefällt wurde. Die Zwischenräume zwischen den einzelnen Kieseln und Geröllen wurden durch diesen natürlichen „Zement" komplett

An zusammengebackene Nagelköpfe erinnern die einzelnen Kieselsteine in den Nagelfluhschichten.

ausgefüllt. Da die einzelnen Kiesel der Konglomerate ein wenig wie die Köpfe von großen Nägeln aussehen, werden diese Gesteine nach einem ostschweizerischen Begriff als Nagelfluh bezeichnet. Im Allgäu gibt es den Naturpark Nagelfluhkette, der diese einzigartige Landschaft mit ihrer reichen Natur schützen und bewahren soll.

Gletscher überformten die Landschaft

Eine wichtige Rolle bei der Formung des heutigen Landschaftsbilds in den Alpen und im Alpenvorland spielten auch die Gletscher. Entstanden sind diese eisigen Riesen während mehrerer Kaltzeiten in der jüngeren Erdgeschichte. Die letzte Eiszeit, das Pleistozän, begann vor rund 1,7 Mio. Jahren und endete vor 10 000 bis 15 000 Jahren. Typisch für das Pleistozän war, dass sich in dieser Eiszeit kalte Perioden und relativ warme Zeiten abwechselten. Die heftigen Niederschläge während der kalten Perioden sorgten dafür, dass sich riesige Gletscher bildeten. Solche Gletscher entstehen immer dann, wenn in einer bestimmten Region mehr Schnee fällt, als abschmelzen kann. Durch weitere Niederschläge werden die unteren Schneelagen zusammengepresst, das sogenannte Firneis entsteht. Dieses wird so lange weiter verdichtet, bis es am Ende zu zähplastischem Gletschereis wird. Sobald der Gletscher eine bestimmte Mächtigkeit erreicht hat, sorgt die Schwerkraft dafür, dass er sich langsam in Richtung Tal bewegt. Und durch die Kraft, mit der sich die kilometerdicken Gletscher vorwärtsschoben, wurden Täler ausgehobelt, Bergflanken abgerundet und Schutt zu Moränehügeln abgelagert. Noch heute lassen sich im Alpenvorland anschauliche Beweise dafür finden, dass die Landschaft einst von Gletschern bedeckt war. Die meisten Seen entstanden als Zungenbeckenseen, die von Moränenwällen abgedämmt wurden.

Der Schlappoldsee an der Ostabdachung des Fellhorns liegt in einer kesselförmigen Vertiefung, einem Kar, in dem sich während der letzten Eiszeit ein Kargletscher gebildet hatte.

Ammergauer Alpen – königliche Schlösser und lebendiges Brauchtum

Die stille Berglandschaft, auch als Ammergebirge bekannt,
zählt mit ihrem harmonischen Nebeneinander von Landschaft,
Tradition und Kultur zu den schönsten Ecken Oberbayerns.

Schon der feinsinnige König Ludwig II. liebte die Ammergauer Alpen. Hier verbrachte er als Kind oft den Sommer – und hier ließ sich der junge König gleich zwei traumhafte Schlösser bauen: Schloss Neuschwanstein in unmittelbarer Nachbarschaft zum väterlichen Schloss Hohenschwangau und Schloss Linderhof, das kleinste seiner Schlösser, das dennoch für viele zum Inbegriff des romantischen Königsschlosses wurde. Doch auch jetzt noch lässt sich ein wenig von dem nachempfinden, was den romantischen jungen Prinzen und frisch gebackenen König an dieser Region so fasziniert hat: Es ist zum einen die wunderschöne, oft noch sehr naturbelassene Landschaft mit saftigen grünen Bergwiesen, kristallklaren Bächen und dunklen Wäldern, sanften Hügeln und imposanten Berggipfeln. Zum anderen gehören zu den Ammergauer Alpen auch traditionsreiche Orte sowie bedeutende Klöster und Kirchen.

Heute erfreuen sich die Ammergauer Alpen einer großen Beliebtheit bei Urlaubern. Hier findet jeder etwas für seinen persönlichen Geschmack: Aktivurlauber erkunden die Region zu Fuß oder mit dem Mountainbike, erklimmen imposante Gipfel wie das Ettaler Mandl oder die Notkarspitze oder durchstreifen das größte zusammenhängende Naturschutzgebiet Bayerns. Und

In zahllosen feinen Fäden rieselt das Wasser der Schleierfälle über einen moosbedeckten Molasseabbruch.

Die 1694 vom Abt des Klosters Ettal erbaute Gertrudiskapelle liegt im idyllischen Graswangtal.

wie könnte es hier, in diesem kleinen bayerischen Paradies, anders sein: Die Ausgangspunkte für Wanderungen und Bergtouren sind Orte, die auf eine lange Tradition zurückblicken können und für sich schon einen Besuch wert sind. Oberammergau etwa kann gleich mit mehreren Attraktionen aufwarten: mit den legendären Passionsspielen, aber auch den berühmten Holzschnitzern und den prachtvollen Lüftlmalereien an zahlreichen Häusern. Ähnliches gilt für das bekannte Kloster Ettal, bis heute eine der wichtigsten Benediktinerabteien in Deutschland – mit hauseigener Brauerei, Klosterladen und sogar einer Schaukäserei.

Von hier ist es nicht weit zur Wieskirche, einem Gotteshaus, das strahlender und beeindruckender kaum sein könnte. Die wunderbare Kirche steht inmitten blühender Blumenwiesen und am Rand weiter Wälder zu Füßen des Hohen Trauchbergs. Und wem das noch nicht reicht, der macht sich noch weiter auf den Weg hinein ins Tal, zu den Quellen der Ammer, und besucht als Krönung das fantastische Königsschloss Linderhof im wunderschönen Graswangtal, mitten in der Abgeschiedenheit der Alpen. Und spätestens dann versteht man, was König Ludwig II. hier so bewegt hat – kein Wunder, dass zwischen der Wieskirche in Steingaden und Schloss Linderhof im Graswangtal ein Meditationsweg angelegt wurde …

Dass der Forggensee bei Füssen künstlich aufgestaut wurde, lässt sich angesichts seiner malerischen Lage vor imposanter Alpenkulisse nicht vermuten.

Eine heile Berglandschaft, traditionsreiche Orte und drei Königsschlösser sind die Markenzeichen der Ammergauer Alpen.

Hohenschwangau – von der Burg zum Schloss

Auf einer Wanderung entdeckte der junge Kronprinz Maximilian die Burg Schwanstein. Später kaufte er sie und ließ sie zum Schloss Hohenschwangau ausbauen.

Nach dem Tod seines Vaters gestaltete König Ludwig II. die Königszimmer in Schloss Hohenschwangau ganz nach seinem Geschmack um – darunter auch das Tassozimmer, sein Schlafzimmer.

Wer den rätselhaften „Märchenkönig" Ludwig II. besser verstehen will, wird vermutlich im Schloss Hohenschwangau fündig werden, denn hier verbrachte er als Kind und Jugendlicher gern den Sommer. Der junge Prinz liebte das Schloss und seine romantische Innenausstattung, vor allem die prächtigen Wandgemälde im Heldensaal, die nach Entwürfen des Wiener Malers Moritz von Schwind ausgeführt waren und Szenen aus deutschen Sagen und mittelalterlicher Geschichte zeigen. Zu seinen Lieblingsräumen zählten auch das durchgehend bemalte Tassozimmer mit Bildern aus dem epischen Gedicht *Das Befreite Jerusalem* des italienischen Renaissance-Dichters Torquato Tasso und das Berchtazimmer, das Schreibzimmer seiner Mutter, mit den aufgemalten Rankenornamenten zur Sage von der Geburt Karls des Großen in der Reismühle von Gauting. Nach dem Tod seines Vaters blieb Ludwig II. dem Schloss treu – hatte er von dort doch einen traumhaften Blick auf das von ihm erbaute Märchenschloss Neuschwanstein.

Erstmals erwähnt wurde die Burg Schwanstein, wie das Schloss Hohenschwangau ursprünglich hieß, im 12. Jh. Damals befand es sich im Besitz der Ritter von Schwangau. In den folgenden Jahrhunderten wechselte die Burg mehrmals die Besitzer, und als das Rittergeschlecht im 16. Jh. ausstarb, war Schwanstein dem Verfall preisgegeben. Zudem wurde die Burg in mehreren Kriegen schwer beschädigt. Aufwärts ging es erst 1832, als der junge Kronprinz Maximilian, der spätere Vater von Ludwig II., die reizvoll gelegene Schlossruine kaufte und unter der Leitung des italienischen Architektur- und Theatermalers Domenico Quaglio zu einem Wohnschloss im verspielten Stil der Romantik ausbauen ließ. 1842 heiratete König Maximilian Marie von Preußen, eine Nichte des preußischen Königs Friedrich Wilhelm III. Die junge Königin verliebte sich sofort in das romantische Schloss und seine traumhafte Umgebung, und fortan verbrachte die Königsfamilie regelmäßig die Sommer hier. Dabei wurden auch rauschende Feste gefeiert, Ritterspiele begangen und schöne „Parthien" unternommen, wie man Ausflüge damals nannte.

Märchenschloss Neuschwanstein

Als hätte Ludwig II. das Schloss seines Vaters noch übertrumpfen wollen, ließ er Neuschwanstein errichten. Heute ist dies eines der berühmtesten Schlösser weltweit und eine der beliebtesten Attraktionen Deutschlands. Allein schon die Lage ist mehr als spektakulär: Das Schloss thront inmitten einer malerischen Alpenlandschaft wie ein Adlerhorst auf einem steilen Felsen in 200 m Höhe. Nicht minder spektakulär ist die Architektur: Mit seinen vielen spitzen Türmchen ahmt Schloss Neuschwanstein eine mittelalterliche Burg nach und ruft Erinnerungen an berühmte Sagenhelden wie Tannhäuser, Parzival und Lohengrin wach. In diesem „Märchenschloss" konnte sein Erbauer romantische Fantasien ausleben und vor der politischen Realität fliehen.

Mit den Plänen für das neue Schloss beauftragte Ludwig II. den renommierten Architekten Eduard Riedel, der Entwürfe des Münchner Bühnenmalers Christian Jank einfließen lassen sollte. Dadurch wollte der kunst- und eigensinnige König Ludwig II. sicherstellen, dass das Schloss wirklich nach seinen Vorstellungen und Träumen gestaltet wurde. Gleichzeitig wollte er nicht auf die technischen Errungenschaften seiner Zeit verzichten: So wurden die im neo-romanischen und neo-gotischen Stil errichteten Räume mit Zentralheizung, fließendem Wasser und sogar Telefon ausgestattet! Am 5. September 1869 erfolgte die Grundsteinlegung für das neue Schloss. Eigentlich plante Ludwig II., drei Jahre später dort einzuziehen. Doch die Bauarbeiten verzögerten sich, nicht zuletzt aufgrund immer größerer finanzieller Probleme. Daher bezog Ludwig II. sein neues Schloss noch während der Bauphase und hielt sich in den bereits fertiggestellten Räumen auf. Er konnte nicht ahnen, dass das Schloss bei seinem Tod im Jahr 1886 noch immer nicht vollendet sein würde ... geschweige denn, dass entgegen seinem sehnlichen Wunsch, Neuschwanstein niemals für das Volk zu öffnen, das Schloss noch im selben Jahr der Öffentlichkeit zugänglich gemacht wurde. Und was würde er wohl dazu sagen, dass heute jedes Jahr rund 1,3 Mio. Besucher hierher pilgern?

Das väterliche Schloss reichte König Ludwig II. nicht aus, deshalb ließ er sich oberhalb von Hohenschwangau sein persönliches Märchenschloss Neuschwanstein erbauen.

Schloss Linderhof – Lustschloss im Graswangtal

Während der Sommerferien auf Schloss Hohenschwangau unternahm Ludwig II. als Kind so manchen Ausflug ins nahe gelegene Graswangtal, wo sein Vater Maximilian II. ein Jagdhaus besaß. Das abgeschiedene Tal faszinierte den jungen Prinzen, und da lag es nahe, dass er sich später hier einen weiteren Traum erfüllen wollte: Er träumte von einem hinreißenden Märchenschloss, das hinsichtlich seiner Pracht und Ausstattung der Schloss- und Gartenanlage von Versailles nicht nachstehen sollte.

Der Park von Linderhof vereint französische, englische und orientalische Stilelemente.

Um während der Planung und dem späteren Bau vor Ort zu sein, ließ der junge König 1869 das Jagdhäuschen seines Vaters ausbauen und erste Teile des Gartens anlegen. Doch bald musste er feststellen, dass sich sein Vorhaben eines zweiten Versailles hier nicht realisieren ließ. Als er 1873 die Herreninsel im Chiemsee kaufte, beschloss er, „sein" Versailles dort errichten zu lassen und dafür im Graswangtal ein vergleichsweise kleines „Lustschloss", wie es im Frankreich des 18. Jh. üblich gewesen war, in Auftrag zu geben. Hinter einer reich ornamentierten Fassade sollte sich eine überaus aufwendige Innenausstattung im Stil des Rokoko verbergen. Auch hier stand Frankreich Pate: in Form von Motiven aus der Zeit Ludwigs XVI. Sie wurden zu einem eigenen Stil mit der typisch süddeutschen Variante des Neurokoko vermischt, die der König aus seiner Kinderzeit von der Amalienburg in Nymphenburg und der Residenz in München kannte.

Das Lieblingsdomizil Ludwigs II. war Schloss Linderhof im abgeschiedenen Graswangtal. Ursprünglich stand hier ein „Königshäuschen", das sein Vater Maximilian bei Jagdaufenthalten nutzte.

Das Ergebnis ist noch heute schlichtweg überwältigend: glänzendes Gold, glitzernde Spiegel und opulente Kristallleuchter, kostbare Wandbehänge und Gemälde, Samt und Plüsch in traumhaften Farben, wertvolles Porzellan, Lapislazuli, Malachit und andere Steine. Da verwundert es nicht, dass die „Königliche Villa", wie das Gebäude im Volksmund genannt wurde, das persönliche Lieblingsschloss Ludwigs II. wurde – und zudem das einzige, das er jemals bewohnt hat. Zu den berühmtesten Attraktionen des Schlosses gehört das „Tischlein-deck-dich", ein versenkbarer Tisch im ovalen Speisezimmer, der es dem menschenscheuen König erlaubte, dort ohne Anwesenheit von Dienern zu speisen.

Der Schlosspark: ein Gesamtkunstwerk

Auch der Park von Schloss Linderhof lag Ludwig II. sehr am Herzen; mit dessen Planung beauftragte er den renommierten Gartenarchitekten Carl von Effner. Allerdings fand der von Effner nach den königlichen Vorstellungen geplante Schlosspark selbst in einer verkleinerten Version im engen Graswangtal keinen Platz. Effners neue Planung war denn auch deutlich bescheidener und sah vor, Elemente eines französischen Barockgartens und eines englischen Landschaftsparks zu vereinen. Typisch barock waren die symmetrischen Achsen mit ihren Terrassen und Wasserbassins, die lange Kaskade mit Brunnen sowie der Pavillon und der Venustempel als Blickpunkte. Englisch inspiriert war die naturnahe Gestaltung des Parks mit seinen exotischen Bauten, dem Marokkanischen Haus und dem Maurischen Kiosk, beide von der damaligen Orientmode angeregt. Zudem verlieh der König dem Park auch seine persönliche Note: Zu seinen Lieblingsplätzen gehörte das „Königshäuschen", ein Hochsitz auf einer alten Königslinde, wohin er sich gern zum Frühstück zurückzog. An den von Ludwig II. verehrten Komponisten Richard Wagner und seine Oper *Tannhäuser* erinnert die Venusgrotte, eine künstliche Tropfsteinhöhle mit einem kleinen, beleuchte-

Der Maurische Kiosk kam über Umwege nach Linderhof (oben links): Gebaut wurde er für die Pariser Weltausstellung von 1867, danach kaufte ihn ein böhmischer Unternehmer. Nach dessen Bankrott erwarb Ludwig II. den Kiosk und ließ ihn nach orientalischem Vorbild umgestalten.

Den Venustempel im Schlosspark von Linderhof ziert eine überlebensgroße Marmorfigur der römischen Liebesgöttin, umgeben von zwei kleineren Amoretten (oben).

Majestätisch thront das Hohe Schloss über der Altstadt von Füssen. Sein heutiges spätgotisches Aussehen verdankt es der Umgestaltung durch den Augsburger Bischof Friedrich II. von Zollern um 1500.

König-Ludwig-Wanderweg

Den Spuren des „Kini" folgt der etwa 120 km lange König-Ludwig-Weg, der durch die Lieblingslandschaften und Lieblingsorte von Ludwig II. führt. Der Wanderweg beginnt in Berg am Starnberger See, wo der König unter mysteriösen Umständen ums Leben kam. Weiter führt der Weg über Andechs am Ammersee und durch den Pfaffenwinkel; er endet bei Schloss Neuschwanstein, zu dem man über die Pöllatschlucht gelangt (Bild).

ten See, auf dem der König in seinem „Nachen", einem besonderen Boot, unterwegs war. Hier konnten sogar Wellen erzeugt werden – wieder einmal nahm sich Ludwig II. modernste Technik zu Hilfe, um seine romantischen Träume zu verwirklichen. Ebenfalls aus der Welt Wagners entstammten die Bühnenbilder „Hundinghütte" und „Einsiedelei des Gurnemanz". Wie sehr die Anlage von Schloss und Schlosspark als geniales Gesamtkunstwerk geplant war, machen nicht zuletzt die Sichtachsen und die langen Wege hinauf in den Bergwald deutlich, die die fantastische Gebirgsnatur rund um das Schloss mit einbeziehen.

Geschichtsträchtiges Füssen

Geradezu malerisch präsentiert sich die Landschaft rund um Füssen. Die höchstgelegene Stadt Bayerns ist von Seen und sanften Hügeln umgeben, dahinter ragen imposante Gipfel der Allgäuer Alpen auf. Und als wäre das nicht schon genug, kommen als Krönung die berühmten Königsschlösser Neuschwanstein und Hohenschwangau hinzu.

Schon die Römer wussten um den strategisch günstigen Platz am Lech und an der Via Claudia Augusta, die von Augsburg nach Norditalien verlief, und erbauten dort ein Militärlager. Heute befindet sich an dieser Stelle das Wahrzeichen von Füssen, das Hohe Schloss, eine der am besten erhaltenen mittelalterlichen Burganlagen Bayerns. Ihr Ursprung geht auf das Jahr 1269 zurück, das jetzige spätgotische Äußere entstand ab dem ausgehenden 15. Jh., als die Sommerresidenz zu einem wehrhaften Schloss erweitert wurde. Verblüffend echt wirken die illusionistischen Wandmalereien auf den zum Hof gehenden Fassaden der Schlossflügel, die Erker, Giebel,

Türmchen und Fenster vortäuschen; sie wurden um 1500 vom Hechinger Maler Fidelis Eichele gestaltet. Im Inneren befinden sich heute zwei Museen, die Staatsgalerie mit Schwerpunkt regionale Kunst aus dem 15. und 16. Jh. sowie die Städtische Gemäldegalerie, die sich u. a. der Münchner Malerschule um 1900 widmet.

Unterhalb des Hohen Schlosses befindet sich ein weiteres Kleinod, das ehemalige Kloster St. Mang mit Kirche. Sein Ursprung war eine winzige Einsiedlerzelle des Heiligen Magnus, der um 725 vom Kloster St. Gallen hierher geschickt wurde. Im 9. Jh. wurden eine Marienkirche und später ein Kloster erbaut, das im Lauf der Zeit zum geistigen und wirtschaftlichen Mittelpunkt der Region aufstieg. Den Umbau von der mittelalterlichen Kirche zur barocken Basilika sowie die Umgestaltung des Klosters verantwortete ab 1696 Johann Jakob Herkomer, ein Vertreter der Lechtaler Schule. Im Innern der Basilika erinnert vieles an den Ordensgründer, etwa die prächtigen Deckenfresken, an denen neben Herkomer auch Franz Georg Hermann mitgewirkt hat, und die Magnus-Krypta unter dem Presbyterium mit ihrem eindrucksvollen Fresko aus der Zeit um 1000, einem der ältesten in Bayern. Während der Säkularisation 1803 wurde St. Mang aufgelöst. 1909 kaufte die Stadt Füssen das ehemalige Kloster und richtete im Nordflügel das Rathaus ein; im Südflügel befinden sich großartige barocke Räumlichkeiten wie der reich mit Fresken und Stuckarbeiten ausgeschmückte Festsaal sowie die überkuppelte ovale Klosterbibliothek.

Eine besondere Rarität ist der *Totentanz* in der Annakapelle, die älteste Darstellung dieser Art in Bayern und eine der bedeutendsten in Europa. Im Jahr 1602 beauftragte der damalige Abt Matthias Schober den Künstler Jakob Hiebeler mit dem Fresko für die Kapelle, die als Grablege der Äbte und des Adels diente. Hinter dem Bildthema stand der Volksglaube, dass die Toten um Mitternacht aus ihren Gräbern steigen und mit den Lebenden tanzen.

Als nach dem Ende der Pest und des Dreißigjährigen Krieges immer mehr Wallfahrer zum gotischen Kirchlein am Tegelberg kamen, wurde ein größerer Neubau nötig: 1865 wurde St. Coloman, ein Meisterwerk des Frühbarock, eingeweiht.

Schwangau – Dorfschönheit mit Schlösserblick

Unweit von Füssen liegt an der Romantischen Straße der Ferienort Schwangau, der vor allem für die Königsschlösser berühmt ist. Doch man tut der Gemeinde Unrecht, wenn man sie darauf reduziert. Kunstinteressierte entdecken hier die Kirche St. Coloman, die der Legende nach an der Stelle errichtet wurde, an der der gleichnamige irische Pilger gerastet haben soll. Spaziergänger und Wanderer finden rund um den Ort über 120 km angelegte Wege, von denen manche noch auf königliche Reitwege der Wittelsbacher zurückgehen. Zum Reiz der Umgebung tragen auch mehrere idyllische Seen bei, etwa der Alpsee und der Bannwaldsee. Königlich fühlt man sich beim Besuch der Königlichen Kristalltherme mit ihrem großzügigen Bade- und Wellnessbereich, von wo aus man traumhafte Ausblicke auf die Königsschlösser genießen kann.

Oberammergau – Lüftlmaler und Holzschnitzer

Mit seinen Passionsspielen hat es Oberammergau zu internationalem Ruhm gebracht. Doch hat der Ort im Ammertal noch mehr zu bieten, wie Holzschnitzwerk und Lüftlmalerei beweisen. So ist das Wahrzeichen von Oberammergau, das imposante Pilatushaus von 1774, für seine prächtige Lüftlmalerei berühmt. Die abwechslungsreiche Fassadenmalerei wurde in Oberammergau „erfunden" und breitete sich dann in ganz Oberbayern aus. Schöpfer der Lüftlmalerei am Pilatushaus war der Oberammergauer Franz Seraph Zwink, einer der führenden Fassadenmaler seiner Zeit. Vermutlich geht auch der Begriff „Lüftlmalerei" auf Zwink zurück, der eine Zeit lang in dem Haus „Zum Lüftl" gewohnt hat.

Doch woher kam die Idee, Häuserfassaden so aufwendig farbig zu gestalten? Erste Ansätze dieser Malerei finden sich in der Antike, man denke nur an die Ausgrabungen von Pompeji. Auch im 18. Jh. kamen die künstlerischen Impulse aus Italien, genauer gesagt aus den bunt bemalten Städten Oberitaliens. Zum einen wollte man damit die architektonische Illusion von Säulen, Treppen, Fenstern und Türen erzeugen, zum anderen auch figürliche Darstellungen und Schmuckelemente anbringen. Ursprünglich herrschten religiöse Motive vor, weshalb sich so mancher Hausbesitzer den namensgleichen Heiligen an die Hauswand malen ließ. Die Lüftlmalerei war auch ein Statussymbol und sollte den Wohlstand des Auftraggebers zeigen. Den

Typisch für die Lüftlmalerei sind perspektivische Maltechniken, die räumliche Illusionen erzeugen.

Ein herausragendes Beispiel für die Oberammergauer Lüftlmalerei ist das berühmte Pilatushaus.

Malern verlangte die anspruchsvolle Technik einiges an Präzision und Schnelligkeit ab, da nachträgliche Änderungen kaum möglich waren – schließlich wurde ohne Bindemittel in den nassen Kalkmörtel gemalt. Beim Trocknen wurden die Farben eingeschlossen, wodurch ihre Leuchtkraft sehr lange erhalten blieb – wie man noch heute am Pilatushaus sehen kann. Seine Fassade zeigt überaus lebensnah die Verurteilung Jesu durch den römischen Statthalter Pilatus; an der Giebelseite ist die Auferstehung Jesu zu sehen.

Das Pilatushaus ist nicht nur wegen seiner Lüftlmalerei sehenswert, es beherbergt zudem eine „Lebende Werkstatt" mit Kunsthandwerkern, die sich von interessierten Besuchern bei ihrer Arbeit zuschauen lassen. Am berühmtesten sind die Oberammergauer Holzschnitzer, aber auch Fass- und Hinterglasmaler oder Töpfer erwecken hier traditionelle Arbeitstechniken wieder zum Leben.

Das kunstvolle Handwerk der „Herrgottsschnitzer" blickt auf eine jahrhundertelange Tradition zurück.

Das Holzschnitzen hat in Oberammergau eine jahrhundertelange Tradition; bereits aus dem späten Mittelalter sind erste Holzschnitzer überliefert. Ausgelöst wurde dieser neue Erwerbszweig durch das nahe Kloster Ettal, dessen viel besuchte Wallfahrtskirche Devotionalien, Kruzifixe und kleine, geschnitzte Andenken benötigte. Um das Jahr 1520 lobte ein Florentiner Reisender die Oberammergauer Schnitzer, die „das Leiden Christi so fein und klein schnitzen konnten, dass es in einer Nussschale Platz hatte". 1563 erhielten die Schnitzer durch den Ettaler Abt eine Handwerksordnung, nach der sie nur ihren ehelichen (!) Kindern das Schnitzen beibringen durften. Die Nachfrage war groß, Weg- und Feldkreuze wurden gebraucht, in jedem Zimmer und oft sogar im Stall hing ein Kruzifix. Ab dem 18. Jh. zogen dann die „Kraxntrager" über die Dörfer, um Heiligenfiguren und Holzspielzeug, Töpferwaren und Hinterglasbilder zu verkaufen. 1887 wurde in Oberammergau die noch heute bestehende Schnitzschule gegründet. Mit Beginn des 20. Jh. kamen auch Wallfahrtstouristen aus England und Amerika hierher und kauften Oberammergauer Schnitzwerk als Souvenir. Daran hat sich bis heute wenig geändert. Wohl aber an der Produktion der Mitbringsel: Sie findet mittlerweile überwiegend maschinell statt – sehr zum Leidwesen der 60 heute noch aktiven Oberammergauer Schnitzer. Der Begriff „Herrgottsschnitzer" geht übrigens auf den 1880 erschienenen Roman *Der Herrgottschnitzer von Ammergau* des populären Schriftstellers Ludwig Ganghofer zurück.

„Das Spiel vom Leiden, Sterben und Auferstehen unseres Herrn Jesus Christus"

Seit 1634 wird in Oberammergau nahezu alle zehn Jahre die Passionsgeschichte auf die Bühne gebracht. Schon lange vorher wird an der Inszenierung getüftelt und gearbeitet, werden Bühnenbild und Kostüme entworfen, werden die Schauspieler – alle Laien – ausgewählt. Die Regeln sind streng: Mitspielen dürfen nur Personen, die in Oberammergau geboren sind oder seit mindestens 20 Jahren dort leben. Bei den letzten Spielen im Jahr 2010 standen fast 2500 Oberammergauer auf der Bühne – ganz schön viel für ein 5000-Seelen-Dorf! Dazu kommen die unzähligen Mitarbeiter und Helfer hinter der Bühne. Und alle sind mit Herz und Seele dabei und set-

zen sich intensiv mit ihrer Rolle auseinander. Die männlichen Darsteller unterwerfen sich zudem mehrere Monate im Voraus dem traditionellen „Haar- und Barterlass". Ab dann sieht man in Oberammergau zahlreiche Bärtige und Langhaarige. Alle fiebern dem großen Tag entgegen, der Premiere, der dann weitere rund 100 Aufführungen vom Frühsommer bis in den Herbst folgen.

Am Anfang – ein Pestgelübde

„Schuld" an diesem Spektakel hat die Pest, die um 1632, zur Zeit des Dreißigjährigen Krieges, in Oberammergau wütete. Ein Jahr später hatte sie unzählige Todesopfer gefordert, kaum eine Familie, die nicht schon Tote zu beklagen

hatte. Da legten die Dorfbewohner ein feierliches Gelübde ab: Alle zehn Jahre wollten sie Passionsspiele aufführen, wenn sie nur von der Seuche befreit würden. Bereits zu Pfingsten 1634 wurde in Oberammergau zum ersten Mal das „Spiel vom Leiden, Sterben und Auferstehen unseres Herrn Jesus Christus" gezeigt, auf einer provisorischen Bühne, nämlich dem Friedhof über den Gräbern der Pesttoten.

In der Folgezeit fanden die Spiele zunächst in unregelmäßigen Abständen statt, wurden erweitert, den Vorstellungen der kirchlichen Obrigkeit entsprechend umgeschrieben und sogar mehrmals verboten. 1750 schuf der Ettaler Benediktinermönch Ferdi-

nand Rosner die „Passio Nova", eine Neufassung im Sinne des geistlichen Barocktheaters. 1830 verfügte König Ludwig I., dass die Bühne nicht mehr auf dem Friedhof errichtet werden dürfe. 1850 und 1860 überarbeitete der Oberammergauer Pfarrer Josef Alois Daisenberger den Text erneut, orientierte sich dabei an klassischen Vorbildern und spitzte das Passionsgeschehen dramatisch zu. Ende des 19. Jh. hatten die Passionsspiele ihren großen Durchbruch: Dank der neu erbauten Bahnlinie wurde Oberammergau von immer mehr Besuchern aus nah und fern entdeckt, erstmals kamen über 100 000 Zuschauer.

Vom 20. ins 21. Jahrhundert

Im Folgenden erlebten die Oberammergauer mit ihrer Leidensgeschichte bewegte Zeiten: Die Spiele wurden von den Nationalsozialisten vereinnahmt, später, in den 1950er-Jahren, der Ju-

denfeindlichkeit bezichtigt, und erneut wurden Textänderungen vorgenommen. Die große Wende kam erst 1986, als der junge Christian Stückl nach heftigen Auseinandersetzungen zum neuen Spielleiter gewählt wurde. Vielen war Stückl zu modern und zu progressiv. Dennoch oder gerade deswegen fanden die Passionsspiele unter Stückls Leitung ihren Weg ins 21. Jahrhundert. Die umfassendste Textreform seit 1860 bildet die Grundlage für seine neuen Inszenierungen, die den Figuren größere Individualität verleihen und Jesus mehr als Kämpfer denn als Leidenden zeigen. Sage und schreibe 520 000 Zuschauer kamen zu den ersten Stückl-Passionsspielen im Jahr 2000, 2010 gingen die Besucherzahlen infolge der Wirtschaftskrise etwas zurück. Und jetzt heißt es: Geduld haben, denn die nächsten Oberammergauer Passionsspiele finden erst wieder im Jahr 2020 statt.

Nicht nur inhaltlich wurden die Passionsspiele seit dem Jahr 2000 verändert, auch optisch setzte der Bühnenbildner Stefan Hageneier neue Akzente. Die Szenen unten und oben – Magdalena salbt Jesus und Jesus auf dem Weg nach Golgatha – stammen aus dem Jahr 2000, die Szene ganz oben – Jesus und der Hohepriester – von 2010.

Traditionen und Feste

Oftmals beruhen bayerische Feste auf regionalen Traditionen und überliefertem Brauchtum oder sind – wie Wallfahrten und Bergmessen – religiösen Ursprungs.

Wallfahrten in traditioneller Tracht gehören in vielen oberbayerischen Orten zum Festkalender – wie hier in Siegsdorf, wo die Trachtenvereine seit 1951 jedes Jahr zur Kapelle Maria Eck hinaufziehen.

Schon seit Jahrhunderten zieht es Gläubige in die Einsamkeit der Natur, um fernab des Alltags zu innerer Einkehr zu finden. Und so ist es kein Zufall, dass sich manch berühmte Pilger- und Wallfahrtskirche inmitten einer beschaulichen Naturidylle befindet, nicht zuletzt die prachtvolle Wieskirche in den Ammergauer Alpen. Seit 1738 lockt dort die eindrucksvolle Figur des Gegeißelten Heiland unzählige Gläubige aus nah und fern an; so viele, dass nach einer kleinen Feldkapelle ab 1745 die neue Kirche von Dominikus Zimmermann erbaut wurde. Auch die Wallfahrtskirche St. Anton oberhalb von Partenkirchen blickt auf eine lange Wallfahrtsgeschichte zurück: Weil der Heilige Antonius von Padua seine schützende Hand über Partenkirchen gehalten haben soll, das daraufhin von den Tirolern verschont wurde, erbauten ihm die Partenkirchener hier 1704 ein kleines Kirchlein, das ab 1734 vom Wessobrunner Joseph Schmutzer umgebaut und zu seiner heutigen Gestalt erweitert wurde. In den Chiemgauer Bergen ist die Wallfahrtskirche Maria Eck unweit von Siegsdorf ein beliebtes Pilgerziel – und das schon seit Anfang

Religiöse Besinnung inmitten traumhafter Natur und fernab vom hektischen Alltag vermitteln die stimmungsvollen Bergmessen, die vielerorts im Sommer stattfinden – hier am Fellhorn im Allgäu.

des 17. Jh., zumindest der Sage nach. Damals soll es auf dem heutigen Kirchenhügel eine wunderbare Lichterscheinung gegeben haben, weshalb dort 1626 eine erste Kapelle erbaut wurde, die man zehn Jahre später durch eine größere ersetzte. Nördlich von Berchtesgaden liegt eine weitere, häufig aufgesuchte Wallfahrtskirche, die im Jahr 1708 erbaute Kirche Maria Gern. Berühmt ist ihre geschnitzte Madonna mit Kind, die im Lauf des Kirchenjahrs mit verschiedenen prächtigen Barockgewändern bekleidet wird.

Bergmessen – Gott auf dem Berg begegnen

Ähnlich wie zu den Wallfahrtskirchen und anderen Pilgerzielen zieht es immer mehr Menschen zu organisierten Bergmessen, bei denen nach den Mühen des Aufstiegs auf dem Gipfel des Bergs ein gemeinsamer Gottesdienst gefeiert wird. Von Mai bis Oktober finden zwischen Allgäu und Berchtesgaden vielerorts regelmäßig Bergmessen statt: Vor der eindrucksvollen Kulisse der Allgäuer Alpen finden sich Gläubige beispielsweise auf dem Kalvarienberg in Füssen, auf dem Hochgrat in Oberstaufen-Steibis oder dem Oberstdorfer Nebelhorn zur gemeinsamen Bergmesse ein. Und auf dem höchsten Berg Deutschlands, der Zugspitze, findet bei schönem Wetter sogar jeden Sonntag eine feierliche Bergmesse statt. Weniger regelmäßig, aber nicht minder beliebt, sind die Gottesdienste auf dem Eckbauer oder am Wendelstein. Berühmt ist auch die Bergmesse auf der Steinling-Alm unterhalb des imposanten Kampenwandgipfels in Aschau im Chiemgau.

Religiöse Festlichkeiten in den oberbayerischen Dörfern sind immer ein zentrales Ereignis.

Leonhardifahrten – ein uralter Brauch

Der heilige Leonhard und der heilige Georg nehmen im bayerischen Volksglauben wichtige Rollen ein – als Schutzpatrone der Pferde und Rinder sowie der Landwirtschaft. „Bauernherrgott" wird er genannt, der heilige Leonhard, obwohl er ursprünglich mit Bauern gar nichts zu tun hatte. Er wurde als

Sohn einer Adelsfamilie um 500 im Fränkischen Reich geboren und wandte sich schon früh vom Leben am Hof ab und dem christlichen Glauben zu. Der Legende nach soll Leonhard einer schwangeren Königin, die beim Ausritt von Wehen überrascht wurde, geholfen haben. Als Dank dafür erhielt er ein Stück Land bei Limoges, wo er ein Bethaus erbaute und sich vor allem um Gefangene kümmerte. Oftmals erwirkte er deren Freilassung und ließ sie bei sich leben und arbeiten. Nach seinem Tod 559 wurde das Oratorium zur Pilgerstätte, später entstanden dort mehrere Kirchen und Klöster. Meist wurde der Heilige darin mit einer Kette dargestellt; vermutlich wurde er deshalb im Lauf der Zeit zum Beschützer der Tiere, die in Ställen gehalten werden. Als Dank für diesen Schutz finden noch heute an vielen Orten in Bayern festliche Leonhardiritte oder Leonhardifahrten statt. Eine der ältesten Leonhardifahrten ist seit 1442 aus Kreuth am Tegernsee überliefert. Hier steht auch die 1184 geweihte, älteste bayerische Leonhardskirche.

Streng festgelegt sind die Trachten beim Tölzer Leonhardiritt (oben rechts): Die verheirateten Frauen tragen hochgesteckte Haare und meist eine sogenannte Riegelhaube.

Seit über 120 Jahren ziehen beim Traunsteiner Georgiritt jedes Jahr am Ostermontag rund 500 festlich gekleidete Reiter, Frauen wie Männer, zum Ettendorfer Kircherl hinauf (oben links).

Vom christlichen Ritter zum Patron der Pferde

Auch der heilige Georg zählt zu den populärsten bayerischen Heiligen – und das seit den Kreuzfahrern, als erste Berichte über den tapferen Ritter aus dem Nahen Osten nach Europa kamen. Historisches ist kaum überliefert, dafür ranken sich zahlreiche Legenden um seine Person – allen voran die des Sieges über den Drachen, als Sinnbild für das Heidentum. Ab dem Mittelalter wurden an seinem Namenstag, dem 24. April, in Bayern die Pferde gesegnet; einst treue Begleiter Georgs, nun wichtige Tiere des Bauern. Auch für den bäuerlichen Alltag war es ein wichtiges Datum: Knechte und Mägde konnten ihren Herrn wechseln, Zinsen mussten bezahlt werden. Georg ist einer der

14 „Nothelfer", wie man die Heiligen nennt, die seit dem 9. Jh. insbesondere in Zeiten der Pest angerufen wurden. Bis heute finden als Ausdruck seiner Verehrung vielerorts feierliche Georgiritte statt. Besonders prächtig ist der in Traunstein: Festlich geschmückte Pferde und Kutschen, begleitet von ortsansässigen Gruppen und Blaskapellen, ziehen zum Ettendorfer Kircherl hinauf, wo Ross und Reiter gesegnet werden. Den krönenden Abschluss bildet der Schwertertanz auf dem Stadtplatz.

Almabtrieb und Viehscheid

Etwa Mitte September beginnt in den Bayerischen Alpen der Herbst, und spätestens Ende des Monats machen sich erste Vorboten des Winters bemerkbar. Dann wird es höchste Zeit für die Bergbauern, ihre Kühe, die den Sommer auf den hochgelegenen Almen oder Alpen, wie man im Allgäu sagt, verbracht haben, ins Tal zu treiben. Wenn der Bergsommer gut verlaufen ist und kein Tier verletzt oder verloren wurde, werden die Kühe schon früh am Morgen für den bevorstehenden Almabtrieb gebürstet und festlich geschmückt. Die Leitkuh, die als „Kranzrind" vorwegläuft, erhält den prächtigsten Kopfschmuck, den Senn oder Sennerin in aufwendiger Handarbeit aus geschmückten Zweigen, Bergblumen, Bändern und Tannengrün selbst geflochten haben. Um ihren Hals hängt eine mächtige Glocke, deren Riemen

Nach ihrem rund 100-tägigen „Sommerurlaub" auf der Alm werden im Herbst vielerorts die Kühe wieder ins Tal geführt, begleitet von festlichem Treiben. Im Allgäu, wie hier in Pfronten, nennt man den Almabtrieb Viehscheid.

Am Beginn des Viehscheidwochenendes steht der große Festumzug, an dem Groß und Klein fesch herausgeputzt teilnehmen.

oft mit kunstvoller Stickerei verziert sind und die von Generation zu Generation weitervererbt wird. Die anderen Kühe treten ihren Weg ins Tal in einer genau festgelegten Rangfolge an. In Oberbayern werden auch sie mit kleineren Kränzen und Glocken geschmückt, im Allgäu tragen sie nur Glocken. Ursprünglich sollte das Glockengeläut böse Dämonen auf dem oftmals steilen und schwierigen Abstieg ins Tal vertreiben. Und natürlich legen auch Senn und Sennerin zur Feier des Tages ihr schönstes Festtagsgewand an. Im Tal werden Hirten und Kühe schon von Einheimischen und Besuchern erwartet und freudig begrüßt. Dann beginnt der eigentliche Viehscheid, wie man im Allgäu sagt: Die einzelnen Tiere werden aus der Herde herausgeführt und auf dem Scheidplatz an ihre Besitzer übergeben. Diese führen die Kühe zurück in den heimischen Stall, wo die Tiere die nächsten Monate verbringen, bis sie im folgenden Jahr, meist um Pfingsten, wieder auf die Alm oder Alpe getrieben werden. Natürlich gehört zu jedem ordentlichen Almabtrieb oder Viehscheid ein zünftiges Fest mit regionalen Schmankerln, frisch gezapftem Bier und echter Blasmusik. Das haben sich Senn und Sennerin nach den entbehrungsreichen und oft einsamen Monaten auf der Alm oder Alpe auch verdient!

„Maschkera" und Schellenrührer – alpine Faschingsbräuche

Wilde Gestalten mit furchterregenden Holzfratzen und abgerissenen Flickenkostümen, Besen schwingend oder laute Schellen scheppernd, machen die Straßen unsicher – und das soll Fasching sein, wird da mancher sagen, an den Kölner Rosenmontagszug denkend. Ja, aber in Bayern ist eben vieles anders als anderswo, und das trifft besonders auf den Fasching zu, der hier auch „Maschkera" genannt wird. Vor allem im Werdenfelser Land, also in Mittenwald, Krün, Wallgau und den umliegenden Orten, haben sich archaische Bräuche aus heidnischen Zeiten bis ins 21. Jh. erhalten. An bestimmten, festgelegten Tagen ziehen solche unheimlich kostümierten Wesen durch den Ort und sollen mit ihrem Getöse und ihren Fratzen die bösen Geister und den Winter vertreiben, der das Land in den vergangenen Monaten in eiser-

Das Wesentliche an der Maschkera, der oberbayerischen Form des Faschings, ist, nicht erkannt zu werden. Dazu trägt vor allem die oft kunstfertig gearbeitete Larve bei. So mancher Teilnehmer besitzt über ein Dutzend solcher Larven, um bei jedem Festumzug eine andere tragen zu können.

nem Griff hatte. Am „Unsinnigen Donnerstag" geht es besonders wild zu. Dann nämlich sind die „Schellenrührer" unterwegs, springen in einem ganz eigenen, fast meditativen Rhythmus von einem Bein aufs andere und machen dabei richtig Lärm – denn sie haben oft eine ganze Batterie Kuhglocken auf den Rücken geschnallt. Ihr Gesicht verbergen sie mit einer hölzernen Larve, gekleidet sind sie meist in Tracht, mit grünem Hut, den ein Adlerflaum ziert.

Traditionelle Maschkera-Larven

Über den Ursprung der hölzernen Larven, die so charakteristisch für die Werdenfelser Maschkera sind, ist wenig bekannt. Vermutlich war das Maskenschnitzen aber weitverbreitet, denn jede Familie besaß oft mehrere solcher Holzmasken, die über Generationen weitervererbt wurden. Einer der ersten berühmt gewordenen Larvenschnitzer war der 1790 in Partenkirchen geborene Matthias Henggi. Manche Masken waren regelrechte Kunstwerke mit ihrem feinen Schnitzwerk, den kräftigen Farben und den übergroß gestalteten Augen. In Mittenwald schnitzten die Geigenmacher einfachere und sparsam bemalte Holzlarven. Doch ob reich verziert oder sparsam bemalt – noch heute geht von diesen hölzernen Larven mit ihren ausdrucksstarken Augen ein besonderer Zauber aus, dem sich kaum ein Betrachter entziehen kann.

In festgelegter Reihenfolge ziehen die Mittenwalder Schellenrührer durch den Ort und scheppern mit ihren schweren Schellen, um den Winter zu vertreiben (ganz oben).

Eine weitere Spielart der Maschkera sind bunte, aus Flecken zusammengesetzte Kostüme, auch Flecklegwand genannt (oben).

Wettersteingebirge und Estergebirge – im Angesicht der Zugspitze

Das Wettersteingebirge bildet mit den höchsten Gipfeln Deutschlands das „Dach der Bayerischen Alpen". Diesem vorgelagert ist das Estergebirge mit seinen stillen, bewaldeten Höhen.

Weit über 2000 m geht es im Wettersteingebirge hinauf, dessen Hauptgipfel, die Zugspitze, mit 2962 m der höchste Berg Deutschlands ist. Ihre Eroberung im Jahr 1820 zählt bis heute zu den großen Leistungen des Alpinismus, gilt sie doch nach wie vor als sehr anspruchsvoller Gipfel. Insgesamt ist das Wettersteingebirge ein ideales Revier für Bergsteiger und Kletterer. Auch Bergwanderer finden hier gute Bedingungen vor, müssen aber beim Auf- und Abstieg teilweise große Höhenunterschiede bewältigen. Doch einige Gipfel, darunter die Zugspitze und der Wank, sind hervorragend mit Bergbahnen erschlossen und daher auch für weniger sportliche Bergwanderer gut zu erreichen. Dafür muss man allerdings, zumindest an manchen Tagen im Jahr, in Kauf nehmen, nicht immer allein auf dem Gipfel zu sein. Doch schon ein wenig abseits der Besucherströme gibt es Gebiete zu entdecken, in denen man relativ ungestört die überwältigende Natur des gewaltigen Hochgebirges genießen kann.

Durch das Wettersteingebirge verlaufen mehrere Weitwanderwege, etwa die Via Alpina, ein grenzüberschreitender Weitwanderweg, der von Triest bis zum Fürstentum Monaco quer durch die ganzen Alpen führt. Die insgesamt über 5000 km lange Via Alpina wurde 1999 gemeinsam von den acht Alpenländern ins Leben gerufen und fördert im Rahmen der Alpenkonvention den Schutz und die nachhaltige Entwicklung der Alpen. Durch das Wettersteingebirge führen drei Etappen der Via Alpina.

Ein wahres Wintermärchen: das Estergebirge mit dem Hohen Fricken, dem Bischof und dem Krottenkopf (v. l. n. r.). Bis auf den Wank ist im Estergebirge kein Gipfel durch eine Seilbahn erschlossen.

Der Krottenkopf und andere Zweitausender

Auch das Estergebirge, das nach seinem höchsten Gipfel, dem Krottenkopf, auch Krottenkopfgebirge genannt wird, kann mit beachtlichen Höhen aufwarten. Seine wichtigsten Gipfel sind die Hohe Kiste mit 1922 m Höhe, der Bischoff mit 2033 m, der Hohe Fricken mit 1940 m und der 1780 m hohe Wank. Sie stellen noch immer echte Herausforderungen für Bergwanderer dar, da nur der Wank durch eine Seilbahn erschlossen ist. Ursprünglich sollte auch die Hohe Kiste eine Bahn erhalten, doch dieser Plan wurde nie in die Tat umgesetzt. Nur zu Fuß zugänglich ist der 2086 m hohe Krottenkopf: Diesen etwas östlich liegenden Gipfel mit der einzigen Schutzhütte des Estergebirges erreicht man nach einem rund vierstündigen, durchaus schweißtreibenden Aufstieg.

Imposant ist der Blick über die schroffen Felsgipfel des mächtigen Wettersteingebirges, allen voran die Alpspitze und die Zugspitze.

Mensch und Technik haben das schroffe Wettersteingebirge längst erobert, doch die Faszination bleibt.

Mythos Zugspitze – gestern und heute

Viele ambitionierte Bergsteiger träumen davon, wenigstens einmal im Leben Deutschlands höchsten Berg zu besteigen: die 2962 m hohe Zugspitze. Sportkletterer geraten ins Schwärmen, wenn sie vom Zugspitzmassiv sprechen, einem fantastischen Kletterparadies mit beeindruckenden Felsformationen. Alle vereint der Respekt vor den alpinen Herausforderungen dieses Berges,

Seit 1851 ziert den Zugspitzgipfel das höchste Kreuz Deutschlands auf 2962 m Höhe. 28 Männer beförderten damals das rund 300 kg schwere und 4,88 m hohe vergoldete Gipfelkreuz auf den Berg.

Mehrere Wege führen auf die Zugspitze – ob zu Fuß oder mit einer der Bergbahnen, bleibt jedem Besucher freigestellt.

dem ewigen Eis und Schnee und den beiden Gletschern, dem Höllentalferner und dem Nördlichen Schneeferner, dem größten Gletscher Deutschlands. Wie mag es da erst Leutnant Josef Naus ergangen sein, der im Jahr 1820 im Auftrag des Topographischen Bureaus Bayern Vermessungen an der Zugspitze vornehmen sollte? Nach einem ersten gescheiterten Versuch bestieg er am 28. August 1820, begleitet von seinem Messgehilfen Maier und dem Bergführer Johann Georg Deuschl, als Erster den Gipfel des höchsten deutschen Berges. Doch das Gipfelglück währte nur wenige Minuten – ein heraufziehendes Unwetter zwang die Männer zum Abstieg. In den folgenden Jahren wagten nach und nach mehr Bergsteiger den gefährlichen Aufstieg, 1853 die erste Frau. Man sagt, bis zum Bau der ersten Seilbahn hätten über 10 000 Alpinisten den Gipfel bestiegen.

Diese alpinistische Leistung ist jedoch nur eine Seite der Medaille. Denn andererseits muss der Gipfel rund 1 Mio. Besucher im Jahr verkraften. Japaner, Holländer, Amerikaner, Engländer und natürlich auch viele Deutsche wollen wenigstens einmal im Leben auf dem höchsten Berg Deutschlands stehen. Die überwiegende Mehrzahl kommt mit der Bahn zum Gipfel, mit der Zugspitzbahn oder der Eibseeseilbahn. An manchen Tagen geht es auf dem Gipfelplateau zu wie in der Münchner Innenstadt. Da taucht unweigerlich die Frage auf, was das noch mit Natur- und Bergerlebnis zu tun hat. Muss man wirklich so massiv in die Natur eingreifen, nur um einen Berg der Öffentlichkeit zugänglich zu machen? Und das vielleicht Schlimmste weiß heute kaum mehr jemand: Ursprünglich hatte die Zugspitze drei Gipfel – doch der mittlere Gipfel wurde 1931 wegen des Baus der Seilbahnstation gesprengt. 1938 ließen die Nationalsozialisten dann auch noch den Westgipfel sprengen, da sie planten, an dieser Stelle einen Flugsicherungsturm zu bauen. Dazu kam es glücklicherweise nie.

Der Bau der Seilbahn selbst kam nach einem „Wett-lauf" zwischen Deutschland und Österreich in den 1920er-Jahren zustande. 1926 weihten die Österreicher ihre Tiroler Zugspitzbahn ab Ehrwald ein, die jedoch erst 1964 bis zum Gipfel fuhr. Auf deutscher Seite wurde die Bayerische Zugspitzbahn 1928 beschlossen und am 8. Juli 1930 fertig-gestellt – sie fuhr schon damals bis zum Gipfel. Erbaut wurde die 11,5 km lange Zahnradbahnstrecke von rund 2500 Arbeitern – unter härtesten und oft lebensgefähr-lichen Bedingungen, bei teilweise eisigen Temperaturen und heftigem Schneetreiben. 1963 gesellte sich eine weitere Bahn hinzu, die Seilbahn ab dem Eibsee. Seitdem beför-dern Tag für Tag zwei Bahnen auf deutscher Seite und eine auf österreichischer Seite Touristen und alles, was auf dem Berg gebraucht wird, nach oben.

Unterschiedliche Höhenangaben

Zwischen dem ehemaligen West- und dem Ostgipfel der Zugspitze verläuft die deutsch-österreichische Grenze über das Zugspitzplateau, auf dem sich alle Besucher frei bewe-gen können. Vor allem Touristen von fernher fasziniert diese ungewöhnliche Landesgrenze. Ein Kuriosum ist, dass beide Länder die Höhe der Zugspitze unterschiedlich angeben: In Deutschland beziehen sich die Messungen auf den „Amsterdamer Pegel", die Österreicher orientieren sich dagegen am Pegel der Adria. Die Folge ist, dass die Zug-spitze in Österreich als 30 cm höher gilt als in Deutschland.

Schon sehr früh erkannte man die besondere Bedeu-tung des Zugspitzmassivs für die Meteorologie. Im Jahr 1900 wurde auf dem Gipfel eine erste meteorologische Messstation erbaut, seit 1952 unterhält der Deutsche Wetterdienst hier eine Dienststelle. Jede Stunde werden zahlreiche Messdaten über Temperatur, Luftdruck, Windgeschwindigkeit, aber auch Radioaktivität erfasst und ausgewertet.

Garmisch und Partenkirchen

Auf den ersten Blick kommt Garmisch zu Füßen des Zugspitzmassivs sehr städtisch daher, doch wenn man sich den in einem weiten Talkessel am Zusammenfluss von Loisach und Partnach gelegenen Ort genauer ansieht, offenbart er sein zweites reizvolles Gesicht. Den Mittelpunkt bildet der Marienplatz, der frühere Marktplatz. Dort fallen zwei Gebäude ins Auge, die schöne Alte Apotheke im Empirestil von 1790 und die Rokokokirche St. Martin, ab 1730 vom Wessobrunner Meister Joseph Schmuzer erbaut.

Meisterwerk der Technik – die Zugspitzbahn

Bereits 1899 gab es erste Pläne für eine Zugspitzbahn, die aber von Prinz Luitpold abgelehnt wurden. 1914 erteilte König Lud-wig III. grünes Licht – doch dann kamen der Erste Weltkrieg, die Inflation und Wirt-schaftskrisen. 1930 war es dann so weit: Das erste Teilstück vom Eibsee zum Schnee-fernerhaus wurde eingeweiht, 1931 kam die Gipfelseilbahn dazu. Heute überwindet die Zahnradbahn auf ihrem Weg von Grainau bergauf 1838 Höhenmeter, am Ende fährt sie durch einen Tunnel bis zur Karsthochfläche des Zugspitzplatts. Dort geht es mit der Gletscherseilbahn zum Gipfel mit seinem fantastischen 360-Grad-Rundumblick.

König Ludwigs Bergschloss: außen bescheiden, innen orientalische Pracht

Weder Seilbahn noch Lift führen hinauf auf den Schachen, ein Plateau in 1866 m Höhe. Am bequemsten erreicht man es auf dem „Königsweg", den auch die königliche Kutsche ab Schloss Elmau nahm. Spektakulärer, aber auch anstrengender ist der Weg ab Garmisch durch die Partnachklamm. Doch die Mühe lohnt sich: Das Schachenschloss, wie das königliche Bergschloss heißt, steht inmitten fantastischer Bergeinsamkeit, am Fuß der Dreitorspitze, umgeben von Wiesen, Felsen und den Gipfeln des Wettersteingebirges – und passt eigentlich überhaupt nicht hierher! Denn wie eine Berghütte im alpenländischen Stil sieht das ockerfarbene Gebäude nicht gerade aus, eher wie die noble Jagdhütte eines wohlhabenden Adligen – typisch für König Ludwig II., der ja bekanntlich ein Faible fürs Exzentrische hatte. Ab 1869 plante er, ein Berghaus im Werdenfelser Land zu bauen. Als

Standort wählte er schließlich den Schachen. An kaum einer anderen Stelle in den Bayerischen Alpen wirkt das Hochgebirge so imposant. Anders als sein Vater Maximilian II., der diverse Jagdhütten in den Bergen besaß, wollte Ludwig II. eher ein komfortables „Schweizerhaus" aus Holz erbauen, wie es im 19. Jh. in wohlhabenden Kreisen als Feriendomizil en vogue war.

Zirbelholz und Gold

Die Pläne für das Bergschloss, das 1869–72 errichtet wurde, lieferte der königliche Hofbaudirektor Georg Dollmann. Der hölzerne Ständerbau besteht aus zwei sehr unterschiedlichen Etagen: Im Erdgeschoss befinden sich zwei Schlafzimmer und ein Audienzraum; alle drei sind behaglich im alpenländischen Stil mit Zirbelholzvertäfelung und einfachen Eichenmöbeln eingerichtet. Doch über die schmale Wendeltreppe gelangt man

unversehens in eine Zauberwelt wie aus *Tausendundeiner Nacht*. Ein Sternenhimmel an der Decke, goldverzierte Wände, mit buntem Ornament verglaste Fenster, Orientteppiche, Fächer aus Straußenfedern, in der Mitte ein maurischer Springbrunnen – der „Türkische Saal" spiegelt zweifelsohne die Orientbegeisterung des jungen Königs und seiner Zeit wider.

Der Saal ist einem historischen Vorbild nachempfunden, dem Palast von Eyüb, den Sultan Selim III. Ende des 18. Jh. hatte einrichten lassen. Um die Szenerie möglichst perfekt zu machen, ließ Ludwig II. seine Bediensteten im orientalischen Stil einkleiden und Wasserpfeife rauchen. Vor dieser märchenhaften Kulisse beging der König jedes Jahr am 25. August seinen Geburtstag. Insgesamt verbrachte er pro Jahr vermutlich zehn bis zwölf Tage im Schachenhaus. Wer sich an der orientalischen Pracht sattgesehen hat,

Im Alpengarten auf dem Schachen (links) erlebt man in 1860 m Höhe die vielfältige Pflanzenwelt verschiedener Hochgebirge in aller Welt.

Den „Türkischen Saal" im Obergeschoss des Schachenhauses ließ König Ludwig II. im osmanischen Stil einrichten (oben).

Einen königlichen Panoramablick auf das Werdenfelser Land genießt man vom Schachenhaus (großes Bild).

macht sich auf den Weg zum nahen Aussichtspavillon, dem Belvedere, von dem aus man einen traumhaften Blick ins Reintal und die umliegenden Gipfel des Wettersteingebirges genießt.

Von hier ist es nicht weit zum herrlichen Alpengarten auf dem Schachen. Dank der ungewöhnlichen Höhenlage können über 1000 Pflanzenarten aus den verschiedensten Hochgebirgen im natürlichen Biotop präsentiert werden.

Von hier sind es nur wenige Schritte zur Fürsten-
straße und den angrenzenden Gassen mit ihren
schmucken alten Bauernhäusern. Ein echtes Kleinod
ist der aufwendig bemalte *Husar* von 1611, ein

Ein „Geheimtipp" ist der noch recht ursprünglich gebliebene Ortsteil Partenkirchen mit der historischen Ludwigstraße (ganz oben).

bekanntes Restaurant. Schon im Mittelalter gab es hier die *Reiser'sche Wein-
wirtschaft,* und während der Napoleonischen Kriege quartierten sich im
Haus französische Husaren und bayerische Infanteristen ein. In den Folgejahren wurde die Fassade prächtig im Empirestil bemalt; der Lüftlmaler
Franz Seraph Zwink fügte zur Erinnerung an die einstigen, nicht gerade gern
gesehenen Gäste einen Husaren und einen Infanteristen, die aus dem Fenster
schauen, hinzu.

Im Zentrum des Ortsteils Garmisch steht die ab 1730 vom berühmten Barockbaumeister Joseph Schmuzer erbaute Martinskirche (oben).

Der nahe gelegene Kurpark ist nach dem in Garmisch geborenen Kinder-
und Jugendbuchautor Michael Ende benannt und verfügt neben altem
Baumbestand und farbenprächtigen Blumenbeeten auch über einen idyllischen Seerosenteich. Beinahe mondänes Flair verströmt das Kurhaus, in dem
verschiedene Veranstaltungen und Ausstellungen stattfinden, sowie das
Spielcasino. Auf der anderen Seite des Kurparks trägt der Richard-Strauss-
Platz den Namen eines weiteren berühmten Bewohners des Ortes.

**Die Kapelle St. Sebastian in Parten-
kirchen sollte an die Opfer der Pest
erinnern und wurde daher auf einem
ehemaligen Pestfriedhof erbaut.**

Partenkirchen – verborgenes Kleinod

Wo sich jetzt Partenkirchen erstreckt, gründeten die Römer im 2. Jh. n. Chr.
die Siedlung „Partanum", im 7. Jh. siedelten hier die Bajuwaren. „Barthin-
chirchen" wurde um 1130 urkundlich erwähnt und 1305 als „Markt" bezeichnet. Dank der günstigen Lage an der Handelsstraße von Augsburg nach
Venedig erlebte der Markt eine erste Blüte. Heute machen nur wenige Besucher den Abstecher in den Ortsteil Partenkirchen, die meisten bleiben lieber
im mondäneren Garmisch. Eigentlich schade, denn Partenkirchen hat sich
viel von seiner Ursprünglichkeit bewahrt. Vor allem in der Ludwigstraße
befinden sich zahlreiche mit Lüftlmalerei verzierte Geschäfts- und Gasthäu-
ser, deren Bilder oft ganze Geschichten erzählen. Mittendrin das prächtige
alte *Posthotel,* das mit allem Komfort und dennoch traditionsbewusst ausge-

baut und erweitert wurde. Gleich nebenan lädt das Werdenfels-Museum dazu ein, sich mit bürgerlicher und bäuerlicher Wohnkultur und Lebensart vertraut zu machen. Das Museum ging bereits 1895, zur Frühzeit des Tourismus, aus einer privaten Sammlung hervor. Zu den Höhepunkten zählen der Teil der Sammlung, der Ignaz Günther, dem bedeutendsten Bildhauer des bayerischen Rokoko, gewidmet ist, der Fasnachtsraum mit alten Holzlarven und anderen Requisiten des Werdenfelser Faschings sowie die Werdenfelser Bauernstube aus dem ausgehenden 18. Jh. Am Ende der Ludwigstraße erinnert die kleine Kapelle St. Sebastian von 1637 mit ihrem Pestfriedhof an die schlimmen Zeiten, als im Werdenfelser Land zwischen 1632 und 1634 die Pest grassierte. Noch heute gedenken die Partenkirchener jeden Sonntag um 16 Uhr mit dem Läuten der Kirchenglocke des letzten Pestopfers, eines Hirtenjungen, der um diese Zeit gestorben sein soll. Von der Kapelle führt ein schöner, kurzer Spaziergang über einen Kreuzweg hinauf zur berühmten Wallfahrtskirche St. Anton mit ihrem weithin sichtbaren Zwiebelturm. Die Kirche und das dazugehörige Franziskanerkloster wurden Antonius von Padua geweiht. Im Inneren fällt der Blick auf das gewaltige Deckenfresko von Johann Evangelist Holzer; lebensnah und ausgesprochen farbenprächtig ist der heilige Antonius als Fürbitter für die Notleidenden dargestellt.

Naturschauspiel der Superlative: die Partnachklamm

Welch eine grandiose Naturkulisse: tief unten das türkis schillernde Wasser der reißenden Partnach, das an manchen Stellen über Felsbänke donnert, dann wieder durch tiefe Gumpen sprudelt oder als Wasserfall nach unten stürzt. Mächtige, bis zu 86 m hoch aufragende Felswände pressen den Gebirgsfluss auf über 700 m Länge in die enge Klamm. Auch die Lichteffekte sind einzigartig: An manchen Stellen ist es stockdunkel, dann wieder lassen Sonnenstrahlen Felsen und Steine im Licht glänzen.

So viel Schönheit bleibt natürlich nicht verborgen: Jedes Jahr kommen an die 200 000 Besucher nach Garmisch-Partenkirchen, um dieses faszinierende Naturdenkmal zu erleben. Sommers wie winters können sie die Klamm auf gut ausgebauten, mit Geländern gesicherten Stegen durchwandern, nur zur Zeit der Schneeschmelze ist sie gesperrt. Für viele ist die Partnachklamm im Winter besonders schön: Dann verwandelt sie sich in eine Eishöhle mit riesigen Eiszapfen und gefrorenen Wasserfällen. Ein Spektakel, das seinesgleichen sucht!

Garmisch als Olympiastadt

Bevor es 1936 zur Ausrichtung der IV. Olympischen Winterspiele kam, wurden am 1. Januar 1935 die bis dahin unabhängigen Gemeinden Garmisch und Partenkirchen zu Garmisch-Partenkirchen zusammengelegt. Zudem wurden zahlreiche neue Straßen gebaut, und man errichtete neue Sportstätten wie das Olympiastadion und das Eisstadion. Schließlich sollten die Olympischen Spiele zum Aushängeschild des NS-Regimes werden. Eigentlich sollten auch die darauf folgenden Winterspiele 1940 hier stattfinden, doch der Zweite Weltkrieg setzte diesen großen Plänen ein jähes Ende. 2011 stimmten die Bürger von Garmisch-Partenkirchen mehrheitlich für die Ausrichtung der Olympischen Winterspiele 2018, mussten sich jedoch dem südkoreanischen Mitbewerber Pyeongchang beugen.

Transportweg für Bauholz aus den Bergen

Dass die Partnachklamm so gut erschlossen ist, verdanken wir den Freisinger Bischöfen, denn bis 1802 gehörte das Werdenfelser Land zum Hochstift Freising. Ende des 18. Jh. erlaubten die Bischöfe ihren Untertanen, in den bischöflichen Wäldern im Ferchental, Reintal und Stuibengebiet Brenn- und Bauholz zu schlagen – ein Angebot, das gern angenommen wurde. Doch wie sollte man das kostbare Holz nach Hause ins Tal bringen? Vor allem im Frühjahr, zur Zeit der Schneeschmelze, nutzten die Bauern die Kraft der Partnach und des Ferchenbachs zum „Triften", dem Holztransport auf dem Wasser. Bevor sie das frisch geschlagene Holz in den Fluss warfen, zersägten sie die Baumstämme in etwa 1 m lange Stücke und schlugen in jeden Stamm ein Erkennungszeichen des Besitzers, die „Hausmarch". Auf dem Weg ins Tal durchquerte das Holz auch die enge Partnachklamm. Dabei geschah es schnell, dass sich Holzstücke zwischen den Felsen verfingen oder ineinander verkeilten. Dann mussten sich die Männer auf einer Art Stuhl in die Klamm abseilen lassen und versuchen, mit „Grieshaken", langen Holzstangen, an deren Spitze ein Eisendorn angebracht war, das Holz wieder in Fahrt zu bringen. Weil es dabei oft zu Unfällen kam – die „Totenbretter" zeugen noch heute davon –, legte man 1886 einen ersten einfachen Steig durch die Klamm an. Mit Holzbohlen befestigte Eisenträger wurden knapp über dem Wasser in die Felswände getrieben.

Mit dem Bau des Triftstegs auf fest verankerten Eisenträgern wurde die Klamm für die ersten Touristen interessant. Das abenteuerliche Ausflugsziel

Die Holztrift in der engen Schlucht der Partnachklamm forderte ihre Opfer.

Die Zugspitzregion kann gleich mit zwei beeindruckenden Klammen aufwarten. Eine davon ist die ganzjährig geöffnete Partnachklamm bei Garmisch-Partenkirchen. Auch im Winter sind die zu Eis erstarrten Wassermassen ein beeindruckendes Naturschauspiel.

Die zweite Klamm in der Zugspitz-region ist die weniger bekannte, aber nicht minder sehenswerte Höllentalklamm bei Grainau, die allerdings nur in der schneefreien Zeit begangen werden kann.

sprach sich rasch herum, sodass der Deutsche Alpenverein 1910 mit dem Ausbau von Stegen durch die Partnachklamm begann. Die Bedingungen waren teilweise sehr schwierig, weil an einigen Stellen Tunnel in den Felsen geschlagen werden mussten. 1912 waren die Arbeiten abgeschlossen, und die Klamm wurde zum Naturdenkmal ernannt. Bis heute werden die Stege, vor allem nach mehreren Felsbrüchen, immer wieder verbessert und weiter ausgebaut. Ein im Reintal zwischen der Partnachklamm und der Zugspitze angelegter 22 km langer geomorphologischer Lehrpfad informiert über die alpinen Prozesse, die das Reintal seit der letzten Eiszeit geprägt haben.

Die Höllentalklamm

Auch die Höllentalklamm bei Grainau wurde bereits Anfang des 19. Jh. erschlossen und zugänglich gemacht. Nach knapp vier Jahren Bauzeit konnte der Weg durch die Schlucht, der über Treppen, Holzstege und Brücken verläuft, fertiggestellt und am 15. August 1905 feierlich eingeweiht werden. Aufgrund ihrer Lage zwischen zwei Gebirgskämmen mit jeweils großen Lawinengebieten kann die Höllentalklamm nur in der schneefreien Zeit zwischen Mai und Oktober begangen werden. Im Winter wurden hier schon Schneehöhen von bis zu 70 m gemessen. Und bis in den Frühsommer bleiben in der dunklen Schlucht Reste von Lawinen und Schnee liegen, unter denen sich der Bach mit ohrenbetäubendem Getöse seinen Weg bahnt. Eindrucksvoller kann man die Gewalt des Wassers kaum erleben – da stört es auch nicht, dass auf dem Weg durch die Klamm keiner trocken bleibt …

Abseits der Besucherströme: das Estergebirge

Das Estergebirge zwischen Eschenlohe und Partenkirchen gehört zu den Bayerischen Voralpen. Als typisches Karstgebirge hat es im Zentrum keinen oberirdischen Abfluss, das Wasser läuft rasch unterirdisch ab. Dadurch hat sich im Lauf der Zeit ein riesiges Höhlensystem gebildet. Dazu gehören auch die Quellhöhlen des Hohen Fricken, die über die Kuhfluchtfälle ins Loisachtal entwässern. Auch dank seiner ungewöhnlichen Karstformen wie den Raibler Schichten mit ihren verschiedenen Sedimenten ist das Estergebirge eines der interessantesten Karstgebiete der Alpen.

Das Gebiet ist eher wenig besucht – dafür sorgen die relativ langen und teilweise steilen Anstiege aus dem Loisachtal bzw. von Krün oder Wallgau aus. Mit durchschnittlich 2100 m ist das Krottenkopfgebirge, wie das Estergebirge auch genannt wird, zwar nicht sonderlich hoch, dafür besitzt es einige traumhafte Aussichtsgipfel – allen voran der namengebende Krottenkopf mit seiner grandiosen 360-Grad-Rundumsicht. Wer diese genießen möchte, muss allerdings einen rund vierstündigen Aufstieg auf den mit 2086 m höchsten Gipfel der Bayerischen Voralpen auf sich nehmen. Deutlich bequemer lässt sich da schon der zweite Aussichtsberg des Estergebirges erklimmen, der 1779 m hohe Wank, den man von Garmisch-Partenkirchen aus in einer etwa 20-minütigen Fahrt mit der Kabinenbahn erreicht. Wer den Garmischer Hausberg, der auch als „bayerischer Rigi" bezeichnet wird, sportlicher in rund drei Stunden zu Fuß besteigen möchte, braucht zum Überwinden der 1040 Höhenmeter schon etwas Kondition. Dafür wird er aber auch mit einem großartigen Rundblick belohnt: bei gutem Wetter im Süden bis zum Wetterstein mit Zugspitze und Alpspitze, im Südosten zum Karwendel, im Osten zum Sylvensteinstausee, im Nordosten zum Estergebirge, im Norden zu Staffelsee, Ammersee und Starnberger See und im Westen bis zu den Ammergauer Alpen.

Nach der ausgiebigen Bergschau locken zahlreiche, gut beschilderte Wander- und Spazierwege. Besonders schön sind der Höhenterrainweg zum Ameisenberg und der Roßwank-Rundweg. Ein weiterer lohnender Höhenweg führt von der Mittelstation der Wankbahn zur Esterbergalm. Man kann sich aber auch auf einer Bank am Gipfelplateau niederlassen und den Gleitschirmfliegern zuschauen. Aufgrund seiner außergewöhnlichen Thermik ist der Wank bei Paragleitern sehr beliebt: Seine speziellen Aufwinde ermöglichen besonders lange und

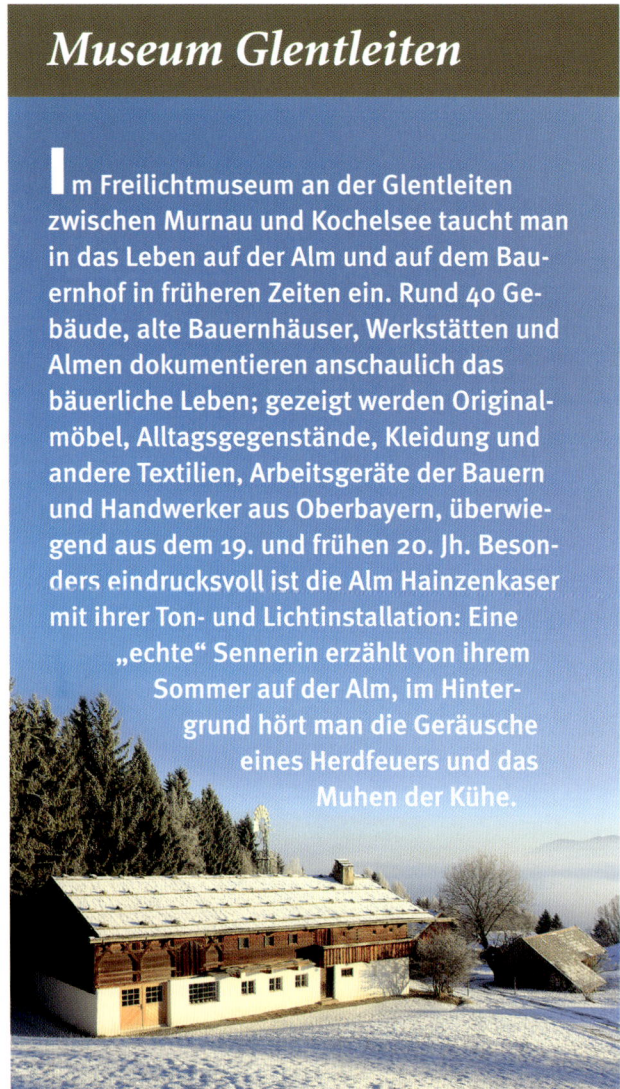

Museum Glentleiten

Im Freilichtmuseum an der Glentleiten zwischen Murnau und Kochelsee taucht man in das Leben auf der Alm und auf dem Bauernhof in früheren Zeiten ein. Rund 40 Gebäude, alte Bauernhäuser, Werkstätten und Almen dokumentieren anschaulich das bäuerliche Leben; gezeigt werden Originalmöbel, Alltagsgegenstände, Kleidung und andere Textilien, Arbeitsgeräte der Bauern und Handwerker aus Oberbayern, überwiegend aus dem 19. und frühen 20. Jh. Besonders eindrucksvoll ist die Alm Hainzenkaser mit ihrer Ton- und Lichtinstallation: Eine „echte" Sennerin erzählt von ihrem Sommer auf der Alm, im Hintergrund hört man die Geräusche eines Herdfeuers und das Muhen der Kühe.

genussreiche Gleitschirmflüge. Und wer vom Wandern oder Ausruhen Durst und Hunger bekommt, hat auf dem Wank zwei Möglichkeiten zur gemütlichen Einkehr: Die *Sonnenalm* an der Bergstation lockt mit einer großen Panoramaterrasse, das sonnenverwöhnte *Wankhaus,* eine Alpenvereinshütte, befindet sich direkt am Gipfel. Mehr Sonne als hier soll es angeblich nur auf dem Gipfel der Zugspitze geben.

Mit der Bahn auf den Wank

Ab 1928 war der Wank dann nicht nur zu Fuß, sondern auch mit einer Pendelbahn zu erreichen – ein weiterer Meilenstein in der Geschichte des Fremdenverkehrs dieser Region. Doch mit zunehmender Entdeckung der Berge als Freizeitziel war diese Bahn dem wachsenden Besucheransturm im Lauf der Zeit nicht mehr gewachsen: An besucherreichen Tagen waren Wartezeiten von bis zu zwei Stunden keine Seltenheit. Aus diesem Grund wurde 1982 die neue, noch heute in Betrieb befindliche Umlaufkabinenbahn eingeweiht. Kleine, viersitzige Gondeln fahren auf einem Seil bis zur Mittelstation auf 1100 m Höhe und von dort auf einem anderen Seil weiter zur Bergstation. Ende der 1990er-Jahre übernahm die Bayerische Zugspitzbahn den Betrieb der Wankbahn und stellte 2003 den Skibetrieb auf dem Berg ein – seitdem ist die Wankbahn fast eine reine Sommerbahn; doch seit einiger Zeit gibt es Bestrebungen, den Wank wenigstens zeitweise auch im Winter anzufahren.

Zu jeder Jahreszeit ist der 1780 m hohe Wank ein lohnendes Ziel, vor allem wenn so klare Sichtverhältnisse herrschen – dann versteht man, warum er als Panoramaberg des Werdenfelser Landes bezeichnet wird.

Bis zur Bergstation auf dem Wank in 1764 m Höhe braucht die Bergbahn, die im Sommerhalbjahr und zeitweise auch im Winter fährt, rund 20 Minuten.

Mittenwald – vom Bozner Markt zur Wiege des Geigenbaus in Bayern

Venezianische Kaufleute sorgten dafür, dass Mittenwald dank seiner strategisch günstigen Lage – war es doch der erste Markt auf deutschem Boden jenseits der Alpen – Ende des 15. Jh. einen unvergleichlichen wirtschaftlichen Aufschwung erlebte. Seit dem Fall von Konstantinopel 1453 war Bozen der Mittelpunkt des Handels für Waren aus Italien und dem Orient gewesen. Kriegerische Auseinandersetzungen der Republik Venedig, zu der Bozen damals gehörte, veranlassten die Venezianer, sich einen neuen, sichereren Marktplatz zu suchen. Ihre Wahl fiel 1487 auf Mittenwald. Bis 1679, also fast 200 Jahre lang, florierte der Handel mit Italien und dem Orient und brachte Reichtum und Wohlstand in den „Bozner Markt", wie Mittenwald genannt wurde. Auf dem alten Handelsweg, den bereits die Römer angelegt hatten, wurden die Güter über den Brenner nach Süden befördert und natürlich auch umgekehrt. Schon früh hatte sich in Mittenwald ein gut organisiertes Speditionswesen für Transporte zu Lande und zu Wasser entwickelt, die „Rott", wie die Vereinigung bürgerlicher Fuhrleute hieß. Doch dann wurde 1679, als sich die politische Situation beruhigt hatte, der Bozner Markt wieder an seinen Ursprungsort verlegt, und Mittenwald fiel erst einmal in einen Dornröschenschlaf. Um an diese Blütezeit zu erinnern, verwandelt sich Mittenwald bis heute alle fünf Jahre für ein paar Tage in einen Bozner Markt aus dem 15. Jh.

Aufwärts ging es erst wieder durch einen jungen Mittenwalder namens Matthias Klotz und seine Liebe zur Musik, genauer gesagt zur Geige. Schon in jungen Jahren ging er zunächst nach Füssen und dann 1672 nach Padua,

Neben Oberammergau ist auch Mittenwald ein Zentrum für die typisch oberbayerische Lüftlmalerei, beispielsweise am Obermarkt, der Lebensader des gemütlichen Ortes.

Auch die Holzschnitzerei kann in Mittenwald auf eine lange Tradition zurückblicken. Beim Spaziergang entdeckt man so manches Zeugnis alpenländischer Schnitzkunst.

um dort bei dem ausgewanderten Allgäuer Lautenmacher Pietro Railich sein Handwerk zu lernen. 1684 kehrte der junge Lautenmacher in seine Heimat zurück, wo er eine erste Werkstatt für Lautenmacher gründete, aus der sich im Lauf der Zeit der Mittenwalder Geigenbau entwickelte. Gründe für diese positive Entwicklung gab es gleich mehrere: In und um Mittenwald waren hochwertige Hölzer, vor allem Ahorn und Fichte, in ausreichender Menge vorhanden; die Handelswege waren dank der Vergangenheit als Bozner Markt hervorragend ausgebaut – und nicht zuletzt gab es keinerlei Konkurrenz. Seinen Höhepunkt erreichte der Mittenwalder Geigenbau in der zweiten Hälfte des 18. Jh. Einen gravierenden Einschnitt brachte die Säkularisation von 1803 mit sich, da bis dahin Kirchen und Klöster wichtige Auftraggeber gewesen waren. Wirtschaftlich sehr schwierige Zeiten infolge der Napoleonischen Kriege verstärkten den Abwärtstrend. Später sorgten die zunehmende Nachfrage nach einfachen, günstigen Geigen und das Preisdiktat der Verleger, die im Lande umherzogen und Geigen verkauften, für einen weiteren Niedergang des Mittenwalder Geigenbaus. Um dem entgegenzuwirken, wurde 1858 durch die Regierung von Bayern unter König Maximilian II. die staatliche Geigenbauschule Mittenwald gegründet, in der noch heute junge Menschen dieses anspruchsvolle Handwerk erlernen können. Nach diversen Krisen, den Kriegsjahren und den Mühen der Nachkriegszeit hat in den letzten Jahrzehnten eine Neubesinnung auf den Bau von Kunstgeigen stattgefunden, doch die Konkurrenz ist groß, vor allem aus Asien. Aber immerhin gibt es noch immer elf selbstständige Geigenbaumeister, die eine Werkstatt in Mittenwald betreiben.

Sommerfrischler entdecken Mittenwald

Um die Wende vom 19. zum 20. Jh. entdeckten die Sommerfrischler Mittenwald und seine reizvolle Lage im oberen Isartal und zu Füßen von Karwendel und Wetterstein. Damit tat sich eine neue Erwerbsquelle für den Markt auf: der Tourismus. Bis heute hat sich daran wenig geändert. Sommers wie winters ist der alteingesessene Ort mit seiner barocken Pfarrkirche St. Peter und Paul, den mit prächtigen Lüftlmalereien verzierten alten Häusern und dem schönen Kurpark unterhalb des Karwendels ein beliebtes Reiseziel.

Matthias Klotz brachte im 17. Jh. das Geigenbauhandwerk aus Italien in seine Heimat. Das Monument vor der Pfarrkirche erinnert an den berühmten Mittenwalder.

Geigenbauer Anton Sprenger in Mittenwald

Wenn Anton Sprenger aus dem Fenster seiner Werkstatt im Mittenwalder Ortsteil Gries schaut, sieht er die Skulptur einer riesigen Holzgeige. Geigen sind auch seine Leidenschaft: Anton Sprenger ist einer der bekanntesten Geigenbauer in Mittenwald. Seine Werkstatt besteht nur aus einem einzigen Raum mit einem großen Tisch und allerlei Werkzeug. Überall liegen Holzstücke herum, manche ähneln bereits Teilen einer Geige, andere sind noch unbearbeitet. An den Wänden hängen einige traumhaft schöne fertige Geigen, mehrere alte Familienfotos, Noten von Mozart. Im Schauraum nebenan präsentiert Sprenger seine fertigen Meisterinstrumente, in eigens dafür geschreinerten Kästen aus Ebenholz. Hier arbeitet jemand, der höchste Ansprüche an sich und seine Arbeit stellt.

„Mit acht Jahren habe ich angefangen, Geige zu spielen", erzählt Sprenger, „und schon bald wollte ich selbst Geigen bauen." Was für ein Glück, dass Sprenger gebürtiger Mittenwalder ist, wo es die beste Geigenbauschule Deutschlands gibt. Dort erlernte er das Handwerk, ging später für einige Jahre nach Den Haag und ließ sich dann in Mittenwald als Geigenbaumeister nieder, inspiriert von der jahrhundertelangen Tradition im Ort. In Mittenwald wurde um das Jahr 1685 von Matthias Klotz die erste Geigenbauwerkstatt nördlich der Alpen gegründet.

In bester Familientradition

Anton Sprenger fand heraus, dass er über mehrere Linien mit der Geigenbaufamilie Klotz verwandt ist. Außerdem stellte sich heraus, dass ein anderer Zweig der Verwandtschaft im 19. Jh. nach Amerika ausgewandert war und dass zwei von ihnen, Matthias und Johann Sprenger, die 1846 ersten schriftlich erwähnten Geigenbauer in New York waren.

Anton Sprenger fasziniert es, mit Materialien und Werkzeug zu arbeiten, mit denen schon vor 400 Jahren in Cremona die großen italienischen Geigenbauer gearbeitet haben. Bis ins kleinste Detail studiert er deren Geigen, die noch heute als beste der Welt gelten. Entsprechend stolz ist Sprenger, wenn einmal eine seiner Geigen gemeinsam mit berühmten Stradivari-Geigen gespielt wird. An einer solchen Meistergeige arbeitet er mindestens 200 Stunden, doch die Zeit spielt für ihn keine Rolle. Sein Ziel ist es, absolut hochwertige und durch und durch handgefertigte Geigen zu bauen. Sprenger spricht von „guter Energie", die in eine handgebaute Geige fließen soll, und erzählt nicht ohne Stolz, dass nicht selten Besucher, die ihm eigentlich nur bei der Arbeit zusehen wollen, sich in eine seiner Geigen „verlieben".

Einmal kam eine japanische Studentin in seine Werkstatt, die so fasziniert von einer seiner Geigen war, dass sie acht Stunden darauf spielte, ihren Zug verpasste, in Mittenwald übernachten musste und am nächsten Tag überglücklich, wenn auch ohne eine Geige zu kaufen die Weiterreise antrat, weil sie schlichtweg kein Geld hatte. „Diese Erlebnisse sind es, die mich meinen Beruf so lieben lassen", gibt Anton Sprenger preis. Man spürt, dass für ihn der Beruf des Geigenbauers eine Berufung ist.

In Gries ragt diese gewaltige Holzgeige in den Himmel – unweit davon wohnt Anton Sprenger.

Schon als Kind war Anton Sprenger fasziniert von der Schönheit und vom Klang der Violinen.

Für jede Holzart hat Sprenger das richtige Werkzeug, ob es sich um Fichtenholz aus den Alpen oder um kostbares Ahornholz aus Bosnien handelt.

Enormes Fachwissen und handwerkliches Geschick gehen beim Geigenbau Hand in Hand.

Pflanzenwelt der Kalkalpen

Viele Pflanzen, die heute in den Alpen wachsen, stammen ursprünglich aus fernen Gegenden – das legendäre Edelweiß beispielsweise aus den Steppen Zentralasiens.

Wie aber war es möglich, dass Pflanzen aus Asien in die Bayerischen Alpen kamen? Die Antwort auf diese Frage liefert das Eiszeitalter vor rund 3 Mio. Jahren. Damals wechselten sich große und kleine Eiszeiten, in denen sich Gletscher in den Alpen bildeten, mit wärmeren Zwischeneiszeiten ab. Dadurch konnten die Gletscher bis ins Alpenvorland vorstoßen. Durch die Vergletscherung verschwanden die ursprünglich in den Alpen wachsenden wärmeliebenden Pflanzen. Es überlebten nur Gewächse, die Kälte aushielten, andere Arten starben aus. Erst nach der letzten größeren Eiszeit, der Würmeiszeit, die vor etwa 12 000 Jahren zu Ende ging, gelang es Pflanzen aus den eisfrei gebliebenen Regionen, in die Alpen vorzudringen. Als erste Vegetationsform bildete sich eine karge Tundralandschaft, in der u. a. Moose, Flechten und Farne wuchsen. Im Lauf der Zeit siedelten sich auch Waldbäume in den Alpen an, zunächst Kiefern, später Birken, Haseln und Fichten. Heute sind in den Bayerischen Alpen Föhren und Fichten vorherrschend, im Voralpenland Buchen.

Überlebenskünstler gefragt

Auch wenn es danach keine weiteren Eiszeiten mehr gegeben hat, mussten die Pflanzen in den Alpen besondere Strategien entwickeln und sich genetisch anpassen, um zu überleben. Das Besondere am Lebensraum Alpen ist die große Vielfalt der dort herrschenden Lebensbedingungen: Je nach Nei-

Der leuchtend blaue Frühlingsenzian (links) ist einer der ersten Frühlingsboten in den Bayerischen Alpen, während die Silberdistel (Mitte) und das Alpen-Edelweiß (rechts) im Sommer blühen.

gung und Lage eines Geländes können sich Topografie und Bodenverhält-
nisse, Temperatur, Sonneneinstrahlung und Niederschlag schon auf engstem
Raum ändern. Je höher das Verbreitungsgebiet einer Pflanze liegt, desto
schwieriger ist es für sie, sich zu vermehren, und desto weniger Zeit hat sie
für ihre Entwicklung: Im Frühling bleibt der Schnee länger liegen, im Herbst
setzt früher Frost ein. Außerdem nehmen extreme Wetterverhältnisse wie
Hagel, Gewitter und heftige Stürme zu. Auch der Gesteinsuntergrund, aus
dem sich der Boden bildet, ist entscheidend für die Entwicklung der Pflanzenwelt. Die Bayerischen Alpen weisen überwiegend kalkhaltige Gesteine auf
und werden daher auch als Kalkalpen bezeichnet. Typische Vegetationsfor-
men der Kalkalpen sind Zwergstrauchheiden mit bekannten Vertretern wie
Alpenrose und Türkenbundlilie. Auf den Almwiesen
gedeihen Sonnenröschen, Alpen-Nelke, Kalk-Glocken-
Enzian und Edelweiß, im Felsen überleben Aurikeln
und Gletscher-Hahnenfuß.

Eine Sonderstellung nehmen die Allgäuer Alpen
ein: Hier wachsen Blumen, die es sonst nirgendwo in
den Bayerischen Alpen gibt. Der Grund: Auf relativ
kleinem Raum finden sich dort so verschiedene Gesteinsformationen wie
Flysch, Molasse, Helvetikum und Kalkalpin, die für ganz spezielle Wachstums-
bedingungen sorgen. Im März blühen Krokus, Sumpfdotterblume und Alpen-
glöckchen, im April und Mai Frühlingsenzian und Seidelbast, im Juni Alpen-
mohn und Lupine, im Hochsommer Silberdistel und Königskerze und im
Herbst Löwenmaul und Herbstzeitlose – um nur einige der rund 400 Pflanzenarten zu nennen, die in den Allgäuer Alpen heimisch sind.

Auf den Bergen des Karwendel liegt noch Schnee, im Tal überziehen dagegen unzählige weiße, fliederfarbene und lila Krokusse die Wiesen: Der Frühling hält Einzug!

Nicht nur das Wahrzeichen der Alpen, das Edelweiß, auch andere Vertreter der alpinen Flora sind stark gefährdet und stehen unter Naturschutz.

Die Trollblumen mit ihren kugel-
förmigen gelben Blüten bevorzugen
feuchte, moorige Wiesenstandorte
wie hier in den Allgäuer Alpen über
dem Schlappoldsee am Fellhorn.

Vom Laubwald bis zum Schnee

Je nach Höhenlage und damit veränderten klimatischen Bedingungen
unterscheidet sich die Vegetation in den Bayerischen Alpen erheblich. Ein
wichtiger Faktor dabei ist die mit zunehmender Höhe abnehmende Temperatur: Die Lufttemperatur verringert sich im Jahresmittel um 0,55 °C pro
100 Höhenmeter, im Sommer weniger, im Winter mehr. Für die Pflanzen
bedeutet das, dass sie in Hochlagen wegen der niedrigeren Temperaturen
langsamer wachsen und auch während der Wachstumsperiode frostun-
empfindlich sein müssen. Dafür nimmt die Sonneneinstrahlung mit zunehmender Höhe zu. Auf der windgeschützten Südseite eines Berges können bis in 2400 m Höhe noch Alpenrosen und Wacholder vorkommen,
während auf der Nordseite nur noch alpiner Rasen gedeiht.

Die Höhenlage wirkt sich auch auf die Dauer der Schneebedeckung
aus, die niedrige Pflanzen wie Latschen und Sträucher vor Frost und Tro-
ckenheit schützt. Andererseits können Pflanzen nur in der schneefreien
Zeit wachsen. Auch die Windgeschwindigkeit nimmt mit der Höhe zu:
Pflanzen können leichter beschädigt werden und sind zudem einer erhöh-
ten Verdunstung ausgesetzt.

Die unterste Höhenstufe der Bayerischen Alpen ist die kolline Stufe oder
Hügellandstufe; sie reicht bis etwa 800 m Höhe. Typisch für ihre Vegetation
sind Laubmischwälder mit Eichen, Buchen, Linden, Ahorn, Walnuss, in
besonders begünstigten Lagen wachsen sogar Obstbäume. Die klimatischen

Verhältnisse sind für viele Pflanzen sehr günstig, die mittlere Jahrestemperatur liegt bei 6 °C.

In der darauf folgenden montanen Stufe oder Bergwaldstufe, die zwischen 500 und 1400 m liegt, haben Buchen und Tannen ihren Lebensraum. Mit zunehmender Höhe finden sich auch Fichten, häufig künstlich aufgeforstet. Überhaupt haben sich die ursprünglich artenreichen Bergmischwälder durch die menschliche Nutzung stark verändert. Aufgrund höherer Niederschläge und geringerer Sonnenein-strahlung ist das Klima hier deutlich kühler, die mitt-lere Jahrestemperatur beträgt 3 °C. Dadurch verkürzt sich die Vegetationszeit der Pflanzen, und es gibt nur noch wenige wärmeliebende Gewächse.

In der anschließenden subalpinen Stufe, die in den Bayerischen Alpen bei 1400 m beginnt und bis 2000 m Höhe reicht, liegt die Waldgrenze. Über 1800 m gibt es keinen geschlossenen Baumbestand mehr; die Zone darunter, den Übergang zwischen Baumgrenze und tatsächlicher Grenze des geschlossenen Baumbewuch-ses, bezeichnet man als Waldkampfzone. Charakteris-tisch für die subalpine Stufe sind Fichten und Lärchen; Erstere sind durch ihren schlanken Wuchs gut an starken Schneefall angepasst. Mit zunehmender Höhe dünnen die Fichtenwaldbestände aus, vereinzelte Rotten – speziell angepasste Baumkollektive – treten auf, aber auch Heide- und Rasenflächen. In größerer Höhe gedeihen noch die Lärchen, die resistenter gegen Frosttrocknis sind als die Fichten. Den Übergang von der Waldstufe zur baumlosen Zone der alpinen Matten bildet der Latschen- oder Grünerlengürtel mit soge-nannten Krummholzbeständen. Die mittlere Jahres-temperatur beträgt 0 °C.

Die alpine Stufe ist die flächenmäßig größte Vege-tationszone der Bayerischen Alpen. Hier wachsen weder Bäume noch Sträucher, prägend sind grasartige Staudenpflanzen, im unteren Teil vor allem Alpen-rosen und Flechten. In höheren Lagen gehen diese zunehmend in Rasen über, der schließlich von Schuttvegetation abgelöst wird. Die alpine Stufe reicht bis etwa 2400 m, ihre Jahresdurchschnittstem-peratur beträgt –1 °C bis –3 °C. Bei etwa 2500 m Höhe beginnt die artenarme nivale Stufe oder Schneestufe. In dieser unwirtlichen Umgebung überleben nur noch Pilze, Flechten, Moose und Algen, an einigen schneefreien Stellen auch Polster- und Felsspaltenpflanzen.

Ein typischer Vertreter der Hügel-landstufe (ganz oben) ist der Berg-ahorn, in der montanen Stufe (Mitte) wachsen Tannen und Fichten, und in der alpinen Stufe (oben) trifft man die leuchtende Alpenrose an.

Majestätische Beherrscher der Lüfte und Gipfel

Die Fauna der Bayerischen Alpen ist überaus vielfältig: Hier leben Tiere, die auch im Tiefland leben, etwa Füchse und Rehe, aber auch Arten, die es nur in den Bergen gibt wie Gämsen und Schneehühner. Das größte Tier der Bayerischen Alpen ist der Rothirsch mit seinem mächtigen Geweih. Er hält sich bevorzugt in Wäldern mit Lichtungen auf, im Hochgebirge lebt er im Sommer auch oberhalb der Baumgrenze, also über 1800 m. Oft mit ihm verwechselt werden die Rehe, die aber deutlich kleiner sind und nur bis zur Baumgrenze vorkommen.

Typische Alpenbewohner sind die Gämsen, die ausgezeichnet klettern können und sich bis weit über die Baumgrenze hinaufwagen, wo sie zwischen den Felsen nach Nahrung suchen. Ihr Verwandter, der Steinbock, war im 18. Jh. fast ausgerottet; doch dank umfangreicher Schutzmaßnahmen und Auswilderungen hat sich sein Bestand wieder erholt. In den Bayerischen Alpen gibt es Steinböcke vor allem im Berchtesgadener Land und in den Allgäuer Alpen. Allerdings lässt sich das scheue Tier nur selten beobachten. Im Sommer bewohnt der Steinbock Regionen zwischen der Waldgrenze und der Schneezone, im Winter bevorzugt er etwas tiefer gelegene Höhenlagen.

Weitverbreitet ist der Rotfuchs, der in Wäldern, Parks und sogar in Städten lebt; im Gebirge kommt er in Höhen bis zu 3500 m vor. Auch Murmeltiere trifft man recht häufig an, meist zwischen 800 und 3500 m Höhe. Zu sehen bekommt man sie nicht oft, umso häufiger hört man ihre charakteristischen Pfiffe, die sie als Warnzeichen ausstoßen. Das Murmeltier verschläft den Winter, während sich Schneehasen und Schneehühner in dieser Zeit durch ihr weißes Winterkleid perfekt tarnen.

Bär, Luchs und Wolf kommen zurück

Die großen Wildtiere Bär, Luchs und Wolf waren ursprünglich in den bayerischen Bergen zu Hause, wurden dort aber vom Menschen ausgerottet. Erst seit den 1990er-Jahren findet ein Umdenken statt, auch in den Nachbarländern. Dadurch wurde es möglich, dass diese Wildtiere wieder nach Bayern kommen: Luchse und Wölfe aus Polen und Tschechien, Bären und Wölfe aus Slowenien und Italien. Berühmtestes – und trauriges – Beispiel ist der Braun-

Jahrhundertelang wurde der „König der Lüfte" gejagt. Seit 1952 steht der Steinadler unter Naturschutz und erobert sich heute nach und nach sein Revier auch in den Bayerischen Alpen zurück.

bär Bruno, der 2006 in den Bayerischen Alpen auftauchte, zunächst freudig begrüßt, später jedoch abgeschossen wurde. Hoffentlich erleidet der Wolf, der seit 2010 im Mangfallgebirge lebt, kein ähnliches Schicksal.

Bartgeier, Steinadler und Alpendohle

Lange Zeit waren auch Steinadler und Bartgeier völlig aus den Bayerischen Alpen verschwunden. Doch mittlerweile wurden zumindest die Steinadler erfolgreich ausgewildert – auch wenn bisher weniger als die Hälfte der rund 50 in den Bayerischen Alpen lebenden Adlerpaare brütet und Nachwuchs aufzieht. Noch viel seltener sind die Bartgeier, Europas größte Greifvögel. Bartgeier sind eigentlich harmlos, sie fressen nur kranke, geschwächte oder

tote Tiere. Doch wegen ihrer beeindruckenden Größe – sie haben eine Flügelspannweite von fast 3 m – glaubten die Menschen früher, die Vögel würden Lämmer und anderes Nutztier rauben, und jagten sie daher unerbittlich. Seit 1986 wird der Bartgeier wieder in den Alpen ausgewildert, doch in Bayern ist er nach wie vor sehr rar. Nur sechs Bartgeierpaare haben bisher auch gebrütet – zu wenig, um einen stabilen Bestand der Tiere zu sichern.

Keine Sorgen muss man sich dagegen um die Alpendohle machen, die ab der Baumgrenze bis etwa 3000 m Höhe lebt und sich hauptsächlich von Insekten ernährt. Insekten sind auch die größte Gruppe der in den Alpen lebenden Tiere. Im Frühjahr und Sommer ziehen die Almwiesen Hummeln, Schmetterlinge, Käfer und Heuschrecken an.

Gämsen – vor allem solche Jungtiere (ganz oben links) – gehören zur Beute des Steinadlers.

Der Steinbock (ganz oben rechts) lebt vor allem im Berchtesgadener Land und ist ein geschickter Felskletterer. Das häufigste Säugetier in den Bayerischen Alpen ist das Murmeltier (oben).

Karwendel und Isarwinkel – lange Täler und schroffe Gipfel

Für viele ist das Karwendel das ursprünglichste Bergmassiv der Bayerischen Alpen. Kein Gebirge, sondern ein Flusstal ist der ebenfalls überaus reizvolle Isarwinkel.

Die schroffen, steil abfallenden Kalkwände des Karwendelgebirges bieten ein großartiges Naturschauspiel – ob bei Sonnenuntergang vom Wank aus gesehen ...

Das Karwendel ist eine der mächtigsten Gebirgsgruppen der Nördlichen Kalkalpen und zweifellos eine der am wenigsten erschlossenen. Seine langgezogenen, schroffen und steilen Felswände, die über bewaldeten Tälern aufragen, brauchen den Vergleich mit den Dolomiten nicht zu scheuen. Nach Norden brechen fast alle Bergketten mit ausgedehnten Wandfluchten ab, während sich an vielen Südabfällen mächtige Kare entwickelt haben – ein Charakteristikum des Karwendels. Steile Felswände umgeben meist auf drei Seiten eine weite Karmulde, die oft mit Schutt oder Schneeresten gefüllt ist, während die erhöhte Karschwelle karge Weideplätze aufweist. Die meisten Gipfel des Karwendels gehören zu Tirol, nur ein kleiner Teil befindet sich in Bayern. Der bayerische Karwendelanteil umfasst den Nordwesthang der Nördlichen Kette und Teile des Vorgebirges, das sich bis zum Sylvenstein-

stausee erstreckt. Die Nördliche Karwendelkette zieht sich von Scharnitz in nördlicher Richtung nach Mittenwald und wendet sich beim Wörner nach Osten. Der westliche Abschnitt ist von Mittenwald und Scharnitz gut zu erreichen und zusätzlich durch die Karwendelbahn erschlossen. Im Westen bei Krün ragt die Soierngruppe auf, in der sich mehrere Gipfel um den Soiernkessel reihen. Der höchste ist die Soiernspitze mit 2257 m.

… oder bei Sonnenaufgang vom Schafreuter, einem der Gipfel des Vorkarwendels, aus (oben links).

Beliebt bei geübten Bergsteigern ist der Mittenwalder Klettersteig, der teilweise über Leitern führt, wie hier zur Nördlichen Linderspitze auf 2374 m Höhe (oben).

Vom Bergbaurevier zum Bergsteigerziel

Bereits im Mittelalter drangen Bergleute ins Karwendel ein; so weiß man, dass die Augsburger Fugger im österreichischen Schwaz um 1544 ein Eisenbergwerk mit Schmelze betrieben. Später wurde auch nach Zink- und Silbererz gegraben. Die touristische Erschließung des Karwendels begann dagegen erst Ende der 1860er-Jahre. Zu verdanken war dies dem damals 24-jährigen Bergsteiger Hermann von Barth, der im Sommer 1870 im Alleingang ganze 88 Gipfel bestieg, davon zwölf – wie die Birkkarspitze (2749 m) und die Seekarspitze (2677 m) – als Erstbesteigung. Von seinen Touren fertigte er topografische Zeichnungen an und hielt seine Erlebnisse in dem Buch *Aus den nördlichen Kalkalpen* fest. Am Kleinen Ahornboden, einer besonders schönen Gegend auf dem Tiroler Gebiet des Karwendels, erinnert ein Denkmal an diesen mutigen Bergpionier; auch ein Gipfel sowie einige Steige und Wege sind nach ihm benannt, etwa der Barthgrat und die Barthspitze.

Viele Wände des Karwendelgebirges sind noch immer eine Herausforderung für Bergsteiger.

Dort, wo das Karwendelvorgebirge ins Alpenvorland ausläuft, liegt der Isarwinkel. Er ist kein Gebirge, sondern bezeichnet das Tal der Isar zwischen Bad Tölz und Mittenwald mit den umrahmenden Bergen, die meist nicht höher als 1800 m sind. Bereits 1497 wurde in einem Vertrag mit Herzog Albrecht IV. der Raum zwischen Tölz und Wallgau als „Iserwinkl" bezeichnet.

Die Moränenrücken bei Mittenwald vor der majestätischen Kulisse des Karwendelgebirges sind ein Relikt der letzten Eiszeit.

Bei Krün wird die noch frisch aus den Kalkalpen sprudelnde, türkisfarbene Isar erstmals gestaut; ein Großteil ihres Wassers wird abgeleitet und dem Walchensee zugeführt.

Alpenpark Karwendel

Der Alpenpark Karwendel, das größte zusammenhängende Schutzgebiet der Nördlichen Kalkalpen, ist eine alpine Urlandschaft, die europaweit ihresgleichen sucht. Er erstreckt sich auf einer Gesamtfläche von 920 km² auf Höhen zwischen 591 und 2749 m, wovon 730 km² zu Tirol und 190 km² zu Bayern gehören. Die elf Reservate umfassen sechs Landschaftsschutzgebiete, drei Naturschutzgebiete und zwei Ruhegebiete. Letztere liegen im Tiroler Teil des Alpenparks Karwendel.

In den Landschaftsschutzgebieten überwiegen vom Menschen gestaltete Kulturlandschaften mit zahlreichen Wanderwegen; dort befinden sich Almen mit Weidevieh, grasreiche Lärchenwiesen, Wirtschaftswälder und bewirtschaftete Hütten. Der Große Ahornboden im Tiroler Rißtal, eine Hochfläche auf 1200 m Höhe, ist von mächtigen Kalkfelsen umgeben. Hier wachsen imposante, teils bis zu 500 Jahre alte Ahornbäume, die vor allem im Herbst mit ihrer leuchtenden goldgelben Blattfärbung ein unvergleichliches Naturschauspiel bieten.

Bei den Naturschutzgebieten steht die Bewahrung der Natur im Vordergrund. Sie werden dort ausgewiesen, wo die Natur weitgehend unberührt ist und seltenen Tieren und Pflanzen intakte Lebensräume bietet. Das größte Reservat des Alpenparks ist das 543 km² große Naturschutzgebiet Karwendel, das u. a. Karwendel- und Rißtal umfasst. Wildromatisch wirken dagegen die Täler, in denen sich lichte Wälder mit sprudelnden Bächen, Klammen und Wasserfällen abwechseln. Das Nebeneinander von unberührter Naturlandschaft und bäuerlicher Kulturlandschaft ist typisch für den Alpenpark Karwendel und trägt erheblich zu seiner Attraktivität bei.

Aufgrund seiner klimatischen und topografischen Gegebenheiten weist der Alpenpark Karwendel eine besonders große Artenvielfalt auf. Über 3000 bekannte Tierarten finden hier geschützte Lebensräume: Murmeltiere und Alpen-Schneehasen fühlen sich genauso wohl wie Hirsche, Gämsen und Steinböcke. Bussarde und andere Greifvögel segeln durch die Lüfte, und besonders stolz ist man auf die größte Steinadlerdichte in den Alpen. Bis Ende des 19. Jh. waren hier Luchse und Bären heimisch. Noch heute erinnern manche Flurnamen wie Bärenkopf, Bärenklamm oder Luchsgraben an die früheren Bewohner. Der letzte Bär wurde 1898 vom Grafen von Thun im Vomperloch erlegt, nachdem er mehrfach Schafe gerissen hatte. Auch die Pflanzenwelt im Alpenpark ist beeindruckend: So gibt es noch seltene Waldgesellschaften aus reinen Laubbäumen sowie Laubmischwälder aus Buche, Esche, Bergulme und Bergahorn. Insgesamt hat man über 1300 Pflanzenarten gezählt, darunter Wildes Silberblatt, Türkenbund, Hirschzungenfarn, Graslilie, Wohlriechender Salomonsiegel, Steinröschen, Aurikel und Edelweiß.

Vor etwa 200 Mio. Jahren durchlebte die Tier- und Pflanzenwelt in den Bayerischen Alpen starke Veränderungen: Das Ende des Erdzeitalters Trias war gekommen, und das Jura-Zeitalter begann. Noch heute ist dieser Übergang der beiden Erdzeitalter an manchen Stellen im Karwendel geologisch sichtbar, besonders gut am Kuhjoch im Tiroler Teil des Alpenparks Karwendel auf 1760 m Höhe. Nach über 20 Jahren intensiver Forschung hat die internationale Kommission der UNESCO diesen Ort ausgewählt, um die Grenze zwischen zwei Erdzeitaltern sichtbar zu machen. Deshalb wurde hier im Sommer 2011 ein überdimensionaler goldener Nagel eingeschlagen, der sogenannte Golden Spike. Seitdem gilt das Kuhjoch als weltweiter Referenzpunkt für alle geologischen Forschungen, die sich mit dem Übergang dieser beiden Erdzeitalter beschäftigen. Weltweit gibt es an über 60 Orten solche Golden Spikes.

Naturparkhaus Hinterriß

Rund ums Karwendel geht es im modernen Naturparkhaus in Hinterriß kurz hinter der Grenze zu Österreich. Schwerpunkte der innovativen Ausstellung sind Natur und Naturschutz, Flora und Fauna sowie die Bedeutung des Wassers für das Karwendel. Auch die Erschließung des Gebirges durch den Menschen wird dokumentiert, vom „Entdecker" des Karwendel Hermann von Barth bis zum neuen Geocache Naturetrail. Weitere Themen sind die Jagd, die schon früh Fürsten und Könige ins Karwendel lockte, und die zahlreichen Sagen und Märchen, die sich um dieses „wilde" Gebirge ranken. Regelmäßige Vorträge zu Natur- und Umweltschutz sowie Angebote für Naturexkursionen ergänzen das attraktive Angebot.

„Perle des Isarwinkels": Bad Tölz

Ohne die Isar hätte sich Tölz wohl nicht zur „Perle des Isarwinkels" entwickelt, wie das am Eingang zum Isarwinkel gelegene Städtchen oft genannt wird. Denn der bevorzugten Lage an diesem wilden Gebirgsfluss, der aus dem Karwendel in Tirol kommend durch Bad Tölz in Richtung München fließt, verdankt der Ort frühen Wohlstand und späteren Aufstieg. Bereits im 12. Jh. wurden auf der Isar Steine, Holz und andere Güter aus den Bergen nach Süden befördert, der Berufsstand der Flößer war jahrhundertelang

Über Jahrhunderte hinweg war die Isar für die Marktstadt Bad Tölz, die „Perle an der Isar", der wichtigste Handelsweg.

höchst angesehen. Das sollte sich erst gegen Ende des 19. Jh. mit der Erfindung der Dampfmaschinen und des Dieselmotors ändern. Durch den verstärkten Ausbau von Straßen und durch den Bau der Isartalbahn ab 1890 verloren die Flöße als günstiges Transportmittel an Bedeutung. So kam es, dass 1922 das letzte Floß von Wallgau über Tölz nach München fuhr.

Erstmals schriftlich erwähnt wurde Tölz um 1180 als „Tollnze", „Töllntze forum" und „Toelnz". Über diese Frühzeit ist wenig bekannt, das erste einschneidende Ereignis war die Verleihung des Marktrechts durch Kaiser Ludwig den Bayer 1331. Damit wurde aus dem Flecken ein Markt, der das Recht erhielt, einen eigenen Markt abzuhalten. Außerdem wurde Tölz das „Bannrecht" zugesprochen: Danach durften die Tölzer Bürger bestimmte Waren, etwa Gemüse und Fleisch, Arbeiten oder Dienstleistungen wie den Bierausschank nur von damit Beauftragten anfertigen oder ausführen lassen. Zudem konnte der aufstrebende Markt neue Bürger aufnehmen und damit selbst über sein Wachstum bestimmen. In der Folgezeit siedelten sich zahlreiche Handwerker, Flößer und Fischer an, der junge Markt erlebte eine erste Blütezeit.

Wechselvoll verlief die Entwicklung von Bad Tölz: von der mittelalterlichen Flößerstadt zur Braustadt und attraktiven Kurstadt.

Doch sie sollte nicht lange dauern: 1453 brach ein gewaltiges Feuer im Ortskern von Tölz aus, das als „der große Brand" in die Stadtgeschichte einging. Die komplette Marktstraße, die frühgotische Kirche und das herzogliche Schloss brannten nieder. Durch die finanzielle Unterstützung des bayerischen Herzogs Albrechts III. konnte die Marktstraße schon nach kurzer Zeit wiederaufgebaut werden – diesmal mit Häusern aus Stein. Ihr beeindruckend geschlossenes heutiges Bild verdankt sie allerdings dem Münchner Architekten Gabriel von Seidl, der die Straße zwischen 1900 und 1910 „aufräumte". Er befreite die Bürger- und Geschäftshäuser von ihrem neogotischen Erscheinungsbild und ließ neue Giebel im alpenländischen Stil anbauen.

Nicht nur die Marktstraße wurde nach dem großen Brand schnell wieder erneuert, auch ein neues Gotteshaus nahm man rasch in Angriff, sodass bereits 1466 die heutige Stadtpfarrkirche Maria Himmelfahrt eingeweiht werden konnte. Ihr Turm war zunächst von einem Satteldach bedeckt, 1877 erhielt er seine heutige neogotische Turmspitze.

Neben der Flößerei spielte auch das Braugewerbe für die Tölzer Stadtentwicklung eine wichtige Rolle. Lange Zeit war Wein das Hauptgetränk der Tölzer gewesen. Doch Anfang des 16. Jh. wurden die Steuern auf Wein erhöht, zudem gewann das hier gebraute Bier an Qualität. So verdrängte das Bier allmählich den Wein aus den Wirtshäusern, und immer mehr Brauereien wurden gegründet: 1721 soll es in Tölz 22 davon gegeben haben. Die Bierbrauer produzierten nicht nur für Tölz, sondern auch für das Umland; Ende des 18. Jh. lieferten sie ihr Bier sogar nach München – auf der Isar mittels Flößen. Doch auf lange Sicht konnten die Tölzer Brauereien der Münchner Konkurrenz nicht standhalten. Ab Mitte des 19. Jh. musste eine nach der anderen aufgeben.

Doch das Glück blieb weiterhin auf der Seite der Tölzer: 1845 entdeckte der Knecht Caspar Riesch beim Arbeiten auf dem Feld in Sauersberg, zu

Eines der prächtigsten historischen Häuser in der Tölzer Altstadt ist das **Marienstift**. Seine opulente Lüftlmalerei dokumentiert die dramatischen Ereignisse der Sendlinger Mordweihnacht in Bad Tölz im Jahr 1705.

Wie aus einem Guss erscheinen die stattlichen Bürger- und Geschäftshäuser der Tölzer Marktstraße – kein Wunder, sind sie doch alle von Gabriel von Seidl Anfang des 20. Jh. neu gestaltet worden.

Megalodonten

In der Jachenau finden sich eindrucksvolle Zeugen der Erdgeschichte, sogenannte Megalodonten, wie man Riesenmuscheln aus dem Zeitalter der Trias vor 200 bis 250 Mio. Jahren nennt. Gut zu erkennen sind diese mehr als handtellergroßen, herzförmigen und dickschaligen Muscheln an den südwärts ausgerichteten Felswänden des Axelstein. Ihre Versteinerungen sehen so ähnlich aus, als wären Kühe über die Felsplatten gelaufen. Deshalb nennt der Volksmund Megalodonten auch „Kuhtrittmuscheln". Offenbar wurden hier Steine gebrochen, die flussaufwärts im Tal der Großen Laine an der Lainlalm als Fundament für eine Almhütte verwendet wurden. Jedenfalls ist dort ein deutlich ausgeprägter „Kuhtritt" zu sehen. Man vermutet, dass die versteinerten Muscheln das Böse abwehren und dem Schutz von Mensch und Tier dienen sollten.

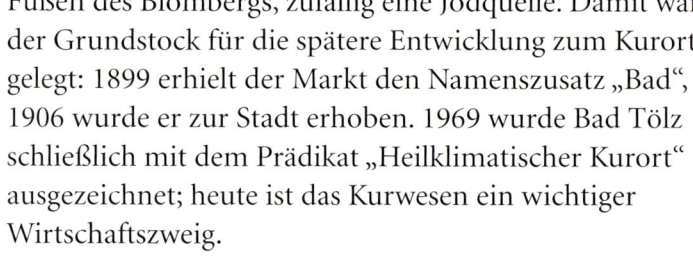

Füßen des Blombergs, zufällig eine Jodquelle. Damit war der Grundstock für die spätere Entwicklung zum Kurort gelegt: 1899 erhielt der Markt den Namenszusatz „Bad", 1906 wurde er zur Stadt erhoben. 1969 wurde Bad Tölz schließlich mit dem Prädikat „Heilklimatischer Kurort" ausgezeichnet; heute ist das Kurwesen ein wichtiger Wirtschaftszweig.

Anspruchsvolle Benediktenwand

Der Isarwinkel grenzt im Osten an die Tegernseer Berge, im Süden an Rofan und Vorkarwendel und im Westen an das Werdenfelser Land. Der höchste Gipfel ist mit 2257 m die Soiernspitze, der bekannteste aber zweifellos die „Benewand", wie die mächtige, 1801 m hohe Benediktenwand von den Einheimischen genannt wird. Zum Namen dieses Berges erzählt man sich im Volksmund folgende Sage: Ein heiliger Glaubensbote aus Italien stieg vom Kesselberg aus auf die Benediktenwand, die damals noch Kirchstein hieß. Als er von der hohen Warte aus nordwärts ins Tal blickte, soll er entzückt ausgerufen haben: „Benedicta Bavaria!" – gesegnetes Bayern.

Bis heute ist die Benediktenwand ein stiller Berg geblieben. Denn die Besteigung des Bergs mit dem charakteristischen „Karpfenrücken" hat es in sich und erfordert Ausdauer. Ausdauer und Mut brachte auch Emil Kokatt mit, der 1914 als Erster im Alleingang und ohne Seilsicherung die „Rippe" an der Nordwand der Benediktenwand bezwang. Doch dies war nicht seine einzige Solotour an der 400 m hohen Nordwand: Ebenfalls 1914 bestieg er den „Höhlenweg" rechts von der „Rippe", 1918 dann das „Untere Schiefe Band" und den nach ihm benannten „Kokattweg".

Ein stilles, sonniges Tal: die Jachenau

Allein schon die Lage ist außergewöhnlich: Das sonnige Tal der Jachenau erstreckt sich von West nach Ost, zwischen dem Walchensee und dem Isartal bei Lenggries, geschützt von der Benediktenwand im Norden und dem Karwendel im Süden. Auch um die Jachenau, zweifellos ein landschaftliches Schmuckstück in den Bayerischen Voralpen, rankt sich so manche Sage. So soll sich eine bayerische Herzogin in einen einfachen Burschen aus der Jachenau verliebt und es diesem auch offenbart haben. Als der junge Mann merkte, dass er nicht mehr lange widerstehen könnte, entschloss er sich zum

Selbstmord. Mit den Worten: „Ich will kein Unglück über unseren Herzog bringen!" soll er sich im nahen Walchensee ertränkt haben.

Die Siedlungsgeschichte der Jachenau reicht ins 12. Jh. zurück. Um 1185 begannen die Klosterherren von Benediktbeuern dank guter Ernteerträge und angesichts der wachsenden Bevölkerung damit, das Gebiet östlich des Walchensees zu roden und zu besiedeln. Die heutigen Ortsteile Sachenbach und Berg waren vermutlich die ersten Siedlungsplätze. Von dort ausgehend wurde die Jachenau – damals ein Ahornboden – talabwärts erschlossen. An diese frühe Zeit erinnert die Kirche St. Nikolaus in Jachenau, die 1291 auf dem Kirchberg errichtet wurde. Das Leben der Bewohner des engen und abgelegenen Tals war in jener Zeit hart und entbehrungsreich. Ihren Lebensunterhalt bestritten sie als Bauern, Holzknechte, Flößer, Dienstboten und Handwerker. Noch heute hat sich der beschauliche kleine Ort mit seinen alten Bauernhäusern ein wenig vom damaligen Geist erhalten. Landschaftlich ist die Jachenau mit ihren umliegenden Bergen ein wahres Kleinod, das auch längst schon Wanderer, Bergsteiger und Radfahrer für sich entdeckt haben. Direkt vor der Haustür liegen gleich mehrere Gipfel: Staffel (1532 m), Jochberg (1566 m), Hirschhörndlkopf (1515 m), Rabenkopf (1552 m) und natürlich die mächtige Benediktenwand (1801 m).

Die Überschreitung der Benediktenwand über das Achselköpfle erfordert wegen der ständigen Auf- und Abstiege einiges an Kondition – dafür wird man mit fantastischen Ausblicken belohnt.

An der Südseite der Benediktenwand liegt das verträumte Dorf Jachenau, benannt nach dem gleichnamigen, 15 km langen Tal.

Die Kraft des Wassers – Landschafts-
formung und Energiegewinnung

Was wären die Bayerischen Alpen ohne ihre romantischen
Bäche und wilden Wasserfälle? Das Wasser prägt nicht nur das
Landschaftsbild, es wird auch zur Energiegewinnung genutzt.

Dank des Sylvensteinstausees führt die Isar wieder ausreichend Wasser, nachdem sie in früheren Zeiten meist dem Walchensee Wasser für die Energiegewinnung zuführen musste.

In den Bayerischen Alpen erlebt man Wasser in unterschiedlichsten Ausprä-
gungen: als idyllischen, sanft plätschernden Bach, als türkis schimmernden,
glasklaren Bergsee, als sprudelnde Gumpe oder rauschenden Wasserfall. Im
Lauf von Jahrmillionen hat das Wasser die Landschaft der Bayerischen Alpen
geprägt: Gebirgsflüsse haben tiefe Täler wie das Isartal oder die Jachenau
gegraben, Wasserfälle haben faszinierende Klammen wie die Partnachklamm
oder die Breitachklamm erzeugt, auch wunderschön gelegene Bergseen wie
der Walchensee oder der Kochelsee gehören zum Erscheinungsbild der bayerischen Alpenlandschaft.

Seit alters her bedienten sich die Menschen der Kraft des fließenden Wassers, um daraus Energie zu gewinnen. In der Frühzeit nutzte man das Wasser und trieb damit Mühlen, Pumpen und Wasserräder an. Schließlich war die Wasserkraft neben dem Holz eine der wenigen verwertbaren Energiequellen im Alpenraum. Um die im Wasser gespeicherte Kraft zu bündeln, baute man gewaltige Staudämme und staute und kanalisierte selbst in kleinen Alpentälern die Bäche, um mit dem Wasser Mühlen anzutreiben.

Den Durchbruch brachte die Entdeckung der Elektrizität im 19. Jh. Durch den Strom bekam die Wasserkraft eine völlig neue Bedeutung. Oskar von Miller erkannte als einer der Ersten, welch gigantisches Energiepotenzial das Wasser der Bayerischen Alpen birgt. Sein Lebenswerk bestand darin, sich für flächendeckende Elektrifizierung einzusetzen; das von ihm erbaute Walchenseekraftwerk ging in die Technikgeschichte ein. Seitdem sind klappernde Mühlräder einer intensiveren Energiegewinnung gewichen, heute prägen hoch technisierte Industrieanlagen das Bild. Doch das hat auch seine Schattenseiten, und so verwundert es nicht, dass eine Debatte um den Ausbau der Kraftwerke in den Bayerischen Alpen entbrannt ist – schließlich bringt die Nutzung der Wasserkraft auch zuweilen nicht unbedenkliche Eingriffe in die Natur mit sich. Die bislang ungehindert fließende Isar beispielsweise wurde kanalisiert, aufgestaut und das Flusswasser wurde abgeleitet. Nach und nach baute man insgesamt 28 Kraftwerke, eines der ersten war das zwischen Mittenwald und Krün. Seit 1923 wird die Isar dort am Stauwehr Krün gestaut und ihr gesamtes Wasser dem Walchensee für das Walchenseekraftwerk zugeführt.

Die Isar entspringt im wildromantischen Hinterautal im Tiroler Teil des Karwendels (oben links).

Auch bei Vorderriß darf die Isar noch weitgehend unreguliert als Gebirgsbach fließen und breite Schuttfächer ablagern (oben rechts).

Jahrhundertelang wurde die Isar vielfältig genutzt und ausgenutzt, erst seit Kurzem gibt der Mensch ihr wieder etwas zurück.

Das Wasser der Alpen dient aber nicht nur der Energiegewinnung, sondern auch als Süßwasserreservoir für Teile von Süddeutschland. So stammt das gesamte Trinkwasser im Großraum München aus dem Grundwasser, das aus den Alpen und dem Alpenvorland gespeist wird. Auch für die Landwirtschaft des Alpenvorlands ist Wasser aus den Alpen von großer Bedeutung. Mehrere Stauseen sorgen dafür, dass auch in den warmen Sommermonaten das Wasser nicht ausgeht.

Die reißende Isar – von der Quelle bis zum Sylvensteinstausee

Eigentlich hat die Isar, der viertgrößte bayerische Fluss, keine richtige Quelle. Denn dort, wo sie ihren Ursprung hat, im Hinterautal in Tirol, am Fuß der Birkkarspitze, dem höchsten Berg im Karwendel, tritt das Wasser nicht an einer, sondern aus zahlreichen, aus dem moosigen Boden entspringenden Quellen aus. Bei den Einheimischen heißt dieser Ort daher auch „bei den Flüssen". Wenig später vereinigen sich diese Karstquellen zu einem kleinen, glasklaren Gebirgsfluss, der jungen Isar, die durch das Hinterautal hinab nach Scharnitz und in Richtung österreichisch-deutsche Grenze fließt. Vor allem im oberen Abschnitt der Isar entstehen durch den Wechsel von Abtragung und Ablagerung immer wieder neue Schotterflächen. Hier siedeln sich spezielle Pflanzen an, etwa die Deutsche Tamariske und das Habichtskraut. Nach der Leutaschklamm bei Mittenwald mündet die Leutascher Ache in die Isar, die dadurch eine beachtliche Breite erreicht. An diesem naturbelassenen Abschnitt der Isar wachsen seltene Orchideen wie der Frauenschuh.

Ab Mittenwald war die Isar schon im Mittelalter schiffbar; Flößer transportierten Holz, Steine und andere Güter in Richtung Donau – und das dreimal so schnell wie auf dem Landweg. Heute würde kein Flößer mehr in Mittenwald starten, denn schon nach wenigen Kilometern würde sein Floß auf Grund laufen, weil der Isar bei Wallgau ein Großteil ihrer Wassermenge entzogen bzw. zum Walchenseekraftwerk abgeleitet und dort der Loisach zugeführt wird. Auf ihrem weiteren Weg flussabwärts wird die Isar durch den Zufluss mehrerer Seitenbäche dann zum Sylvensteinstausee gestaut. Erst hinter der Staumauer fließt sie wieder ungebändigt ins Alpenvorland, und erst hier stößt man auch wieder auf Flößer. Diese transportieren heute allerdings keine

Von der gewaltigen Kraft des Wassers zeugt die Leutaschklamm am Ende des gleichnamigen Tals. Bis zu 110 m tief hat sich die Ache eingeschnitten, die von hier nach Mittenwald fließt und in die Isar mündet.

Waren mehr, sondern gesellige Runden, die auf der Floßfahrt mit zünftiger Musik und frisch gezapftem Bier unterhalten werden. Die Fahrt beginnt in Wolfratshausen und endet in München an der Thalkirchener Floßlände. Denn bei Wolfratshausen nimmt die Isar die Loisach auf und erhält damit das Wasser wieder zurück, das sie dem Fluss im Oberlauf zugeführt hat.

Die Pupplinger Au nördlich von Wolfratshausen ist berühmt für ihre weitgehend unberührte Pflanzenwelt. Zwischen Mitte Mai und Mitte Juni blüht hier der Frauenschuh, eine besonders seltene Orchidee mit auffälligen Blüten.

Ein umstrittenes Projekt – der Sylvensteinspeicher

Der Bau des Sylvensteinspeichers südlich von Lenggries, mit dem man 1954 begonnen hatte, sollte in erster Linie dazu dienen, den Wasserspiegel der Isar auf einem höheren Niveau konstant zu halten. Gleichzeitig wollte man mit diesem künstlichen Stausee die stromabwärts gelegenen Isartalgemeinden, insbesondere Bad Tölz und München, vor Hochwasser schützen. Für den 44 m hohen und 180 m langen Damm wurde in einer von Grundwasser durchströmten Erosionsrinne ein Zementkern eingebracht, den man mit Kies, Geröll und Sand aufschüttete. Zusätzlich wurden zwei Kraftwerke am Damm erbaut. Zwischen 1994 und 2001 wurden umfangreiche Modernisierungsmaßnahmen vorgenommen: So wurde der Damm um 3 m erhöht, was den Hochwasserschutz noch einmal deutlich verbesserte. Dies zahlte sich nicht zuletzt bei dem massiven Hochwasser an Pfingsten 1999 und beim noch stärkeren im August 2005 aus.

Dennoch war der Bau des Speichers umstritten, bedeutete er doch einen weiteren massiven Eingriff in die Flusslandschaft. Weil die Isar auf einen

Wer würde bei diesem Anblick auf die Idee kommen, dass dieses Gewässer von Menschenhand geschaffen wurde? Doch tatsächlich wurde der fjordartige Sylvensteinstausee zwischen 1954 und 1959 für den Hochwasserschutz angelegt.

Flussarm reduziert wurde, wuchsen die bisherigen verzweigten Flussrinnen im Lauf der Zeit zu. Wo früher Schotterbänke waren, entwickelte sich nach und nach Vegetation: zuerst Pionierpflanzen wie die Deutsche Tamariske, dann Wacholder und Weiden und zuletzt der heute so typische Kiefernwald. Besonders gut lässt sich diese Veränderung in der Pupplinger Au bei Wolfratshausen erkennen, die zum Naturschutzgebiet erklärt wurde – so hatte der Sylvensteinspeicher nicht nur negative Auswirkungen.

Renaturierung durch den Isar-Plan

Auch andere Maßnahmen zum Schutz der Isarauen wurden ergriffen, als nach der langen Zeit, in der die Isar in ein festes Bett gezwungen worden war, allmählich ein Umdenken stattfand. In München entwickelte man Ende der 1990er-Jahren den Isar-Plan: Ab Mai 2000 wurde ein 8 km langer Teilab-

Der Sylvensteinstausee ist ein beliebtes Wochenend- und Freizeitziel, auf dem sich an schönen Sommertagen zahlreiche Ruder- und Segelboote tummeln.

schnitt der Isar im südlichen Stadtgebiet aus seinem engen Beton- und Dammkorsett befreit und in mehreren Bauabschnitten renaturiert. Die steinernen Uferkanten wurden entfernt, das Flussbett wurde auf die doppelte Breite, auf 90 m, verbreitert, die Ufer wurden abgeflacht. Dafür schüttete man gewaltige Mengen an Kiesschotter in die Isar und legte sogar Kiesinseln an. Vorhandene Deiche wurden vergrößert und durch Dichtwände stabilisiert, sodass Steilufer entstanden. Hoch gelegene Uferwiesen wurden abgeflacht, die Isar wurde an vielen Stellen wieder zugänglich. Oberstes Ziel war es, die Flusslandschaft der Isar naturnah umzugestalten, in einen ungebändigten Fluss, der verzweigt fließt und ein breites Schotterbett aufweist. Damit sollten das ökologische Gleichgewicht und die Grundwasserqualität verbessert und der Wasserspiegel erhöht werden.

Ihr vielleicht schönstes Gesicht zeigt die Isar heute auf der Strecke unterhalb der Staumauer des Sylvensteinstausees im Alpenvorland. Hier hat sie sich etwas von ihrem ursprünglichen Charakter bewahrt. Ihre Auenlandschaft ist einzigartig: Silberweiden, Eschen, auch Pappeln, Schwarzerlen und Eichen bilden artenreiche Auwälder, es tummeln sich Gänsesäger und Flussregenpfeifer, mitunter sogar Kreuzottern.

Auch nördlich von München bietet die Auenlandschaft Lebensraum für zahlreiche, teilweise seltene Tiere und Pflanzen: Biber sind hier ebenso zu Hause wie Waldohreulen und sogar der Eisvogel; auch Laubfrösche und Molche fühlen sich wohl, sogar Rothirsche leben hier. Am Stauwehr in Unterföhring beginnt der Mittlere Isarkanal, der parallel zur Isar verläuft und südwestlich von Landshut wieder in die Isar mündet. Ein Teil des Isarwassers wird hier in den Ismaninger Stausee abgeleitet, der ein wahres Paradies für Wasservögel und Rastplatz für Zugvögel ist. Ähnliches gilt für die beiden weiteren Stauseen des Kanals, den Moosburger und den Echinger Stausee. Bei Moosburg endet der oberbayerische Teil der Isar, die restliche Strecke der insgesamt 263 Flusskilometer verläuft durch Niederbayern.

Von der Isarquelle bis zur Mündung verändern sich nicht nur Flusslauf, Uferlandschaft, Vegetation und Tierwelt, sondern auch die Farbe des Isarwassers. Im Quellbereich schimmert es bläulich, weil der Fluss in diesem Bereich sehr wenige Feinsedimente mit sich führt. Im weiteren Verlauf der Isar werden zunehmend gelöste Mineralstoffe transportiert, wodurch das Isarwasser immer grünlicher erscheint.

Die „Bändigung" der Isar

Dass man die Isar zu Beginn des 20. Jh. im oberen Flusslauf kanalisierte und aufstaute, diente zum einen dem Schutz vor Hochwasser und zum anderen der Energiegewinnung. Nach und nach wurden 28 Kraftwerke gebaut, eines der ersten zwischen Mittenwald und Krün. Dort wird das Wasser dem Walchensee für das Walchenseekraftwerk, ein Hochdruck-Speicherkraftwerk, zugeführt (Bild). 1927 folgte das Achenseekraftwerk; die Ache, einst ein Zufluss der Isar, wurde in den Inn abgeleitet. 1949 wurde dann auch der Rißbach, ein weiterer Zufluss der Isar, in den Walchensee abgeleitet. Die Folgen waren dramatisch: Die Fließgeschwindigkeit der Isar nahm ab, die Wassertemperatur stieg, das ökologische Gleichgewicht war massiv gestört. Vor allem in Trockenzeiten sank der Wasserspiegel im oberen Teil gewaltig.

Bayerische Voralpen –
Idyll zwischen Loisach und Inn

Eine Landschaft wie aus dem Bilderbuch –
für viele repräsentieren die Bayerischen Voralpen
die Region Oberbayern schlechthin.

Wenn man bei der Fahrt in Richtung Alpen die sanften Moränenhügel und dahinter die Gipfel der Berge aufscheinen sieht, davor die saftig-grünen Wiesen, die dunklen Waldstücke und die schmucken Dörfer mit ihren alten Bauernhäusern und den überbordenden Balkonen, dann wirkt es fast zu perfekt, wie eine Postkartenidylle. Auch wer noch nie in Bayern gewesen ist, hat vermutlich schon einmal vom Tegernsee und vom Wendelstein gehört. Doch das ist nur die eine Seite der Bayerischen Voralpen. Denn trotz aller Popularität gibt es auch hier noch versteckte Winkel, die vom Tourismus noch nicht gänzlich erobert wurden. Dazu gehört etwa das Tal der Valepp, das sich entlang dem gleichnamigen Fluss erstreckt; hier wird die Landschaft mit zunehmender Entfernung vom Spitzingsee immer unberührter.

Doch zunächst gilt es zu klären, welches Gebiet die Bayerischen Voralpen als Teil der Nördlichen Kalkalpen eigentlich abdecken: Ihren westlichsten Teil bildet das Estergebirge mit dem Krottenkopf, mit 2086 m der höchste Gipfel der Voralpen. Nordöstlich schließen sich Herzogstand und Heimgarten sowie die lang gestreckte Gruppe der Benediktenwand an. Den östlichen Teil

In fast unwirklicher Schönheit erstrahlt die Wallfahrtskapelle von Wilparting mit ihrem Zwiebelturm im Sonnenuntergang vor der Bergkulisse des Wendelsteins.

der Voralpen zwischen Isar und Inn bildet das Mangfallgebirge, dessen Bäche Rottach, Weißach, Schlierach und Leitzach in die Mangfall münden. Zu den landschaftlichen Reizen der Bayerischen Voralpen gehören auch die traumhaft schönen Bergseen, etwa der Walchen- und der Kochelsee, der Tegernsee und der Schliersee.

Da insbesondere viele Münchner das Bayerische Voralpenland ohne lange Anreise zur Erholung nutzen, hat sich für die Gegend die Bezeichnung „Bayerische Hausberge" durchgesetzt. Bequem kann man von Hütte zu Hütte wandern, denn wie kaum ein anderes Gebiet in den Bayerischen Alpen sind die Voralpen touristisch erschlossen: Hier findet man zahlreiche ausgeschilderte Wander- und Radwege in allen Schwierigkeitsgraden. Der längste Fernwanderweg ist der Maximiliansweg, der am Bodensee beginnt und in Berchtesgaden endet. Auch die Via Alpina führt über die Bayerischen Voralpen.

„Aussichtsterrasse der Alpen" werden die Voralpen gern genannt: Beim weiten Blick vom Gipfel des Risserkogels über den Wallberg, auf den Tegernsee und bis nach München versteht man, warum.

Nur im Estergebirge erreichen die „Bayerischen Hausberge" eine Höhe von über 2000 m.

Tegernseer und Schlierseer Berge

In der Beliebtheitsskala von Berg- und Naturfreunden stehen sie ganz oben, die Tegernseer und Schlierseer Berge. Dafür gibt es mehrere Gründe: die traumhafte Lage zwischen der Isar im Westen und dem Tegernsee im Osten, die abwechslungsreiche Landschaft mit Seen und Berggipfeln, die verlockende Aussicht auf die nahen Alpenriesen. Dazu kommt, dass ihre Gipfel,

Dem Stolz der Einheimischen verdankt der Wallberg sein 1910 eingeweihtes Kircherl – schließlich wollte man dem Wendelstein und seiner Kirche nicht nachstehen …

Nah am Ufer des Schliersees erheben sich die eher sanft geformten Schlierseer Berge – hier Nagelspitz und Brecherspitz.

allesamt zwischen 1500 und 1800 m hoch, auch für Genusswanderer ohne alpinistische Ambitionen begehbar sind. Mancherorts kann man sich sogar mit Gondel oder Seilbahn auf den Berg fahren lassen und, oben angekommen, eine gemütliche Panoramawanderung unternehmen.

Doch der vielleicht wichtigste Grund ist der, dass sie traumhafte Aussichtsberge sind – von ihren Gipfeln schaut man nach Norden ins flache Land, im Süden weit hinein in die Alpen mit ihren Dreitausendern. Auch zahlreiche Almen und Hütten am Weg oder unterhalb des Gipfels tragen zur Beliebtheit der Gegend bei den Touristen bei. Und schließlich sind die Tegernseer und Schlierseer Berge auch mit öffentlichen Verkehrsmitteln gut zu erreichen, etwa mit der Bayerischen Oberlandbahn sowie über zahlreiche Buslinien.

Die Tegernseer Bergen bieten ein nahezu unerschöpfliches Angebot an Wandermöglichkeiten: einfache Touren auf gepflegten Forstwegen, etwa zur Oberen Firstalm am Spitzingsee, mittelschwere Bergwanderungen auf schmalen Wegen und Steigen, wie auf den Hirschberg, aber auch anspruchsvolle Bergtouren, die sich über mehrere Tage erstrecken, etwa die Überschreitung des Blaubergkamms südlich von Wildbad Kreuth. Sogar zwei Klettergebiete gibt es hier: das Massiv von Roß- und Buchstein und der Plankenstein. Manche Gipfel sind auch im Winter für Wanderer erreichbar, auf geräumten und gespurten Wegen – etwa der Hirschberg, das Seekarkreuz und der Fockenstein.

Das bekannteste Bergmassiv der Tegernseer Alpen ist der 1722 m hohe Wallberg, der Hausberg von Rottach-Egern, den man zu Fuß oder bequem mit der Gondel erklimmen kann. Ein weiterer Klassiker ist der bereits erwähnte Hirschberg bei Scharling. Von Kreuth aus lohnt der zackige Gipfel des Leonhardstein den Aufstieg. Benannt ist dieser Berg nach dem heiligen Leonhard, dem Schutzpatron des Viehs und der Pferde, dem vielerorts in Oberbayern am 6. November, seinem Todestag, mit feierlichen Umzügen gedacht wird. Vom Ort Tegernsee führt ein viel begangener Weg in einer knappen Stunde auf das Neureuthhaus, von dem aus man einen traumhaften Blick auf den Großvenediger, die Zugspitze und die Tegernseer Wanderberge hat.

Rund um den Schliersee und den Spitzingsee erheben sich die Schlierseer Berge; wie die Tegernseer Berge gehören auch sie zum Mangfallgebirge. Die höheren Gipfel befinden sich südlich des Schliersees zwischen der Weißen Valepp und der Leitzach, allen voran die Rotwand, die mit 1884 m der höchste Berg der Berggruppe ist und die man von der Bergstation der Taubensteinbahn aus oder vom Leitzachtal aus erreichen kann. Schöne, leichte Bergwanderungen lassen sich zwischen Schliersee und Tegernsee unternehmen, etwa zur Baumgartenschneid und zur Gindelalmschneid. Allerdings ist das Gebiet rund um den Spitzingsee an schönen Tagen recht überlaufen; deutlich ruhiger geht es auf der Nord- und Ostseite zu, etwa beim Aufstieg auf die Aiplspitz und den Jägerkamp. Auch in den Schlierseer Bergen bieten sich einige Gipfel als Winterwanderziele an, so Brecherspitze, Bodenschneid und Baumgartenschneid.

Rund um den Tegernsee

Zweifellos ist der Tegernsee die Perle unter den oberbayerischen Seen. Schon im 19. Jh. zog er Adlige und gekrönte Häupter an – heute haben hier Gutsituierte und Prominente einen Zweitwohnsitz oder ein Urlaubsdomizil. Einen ersten Boom erlebte der malerische See Anfang des 20. Jh., als sich so bekannte Schriftsteller wie Ludwig Thoma und Ludwig Ganghofer sowie der Zeichner und Karikaturist Olaf Gulbransson hier niederließen. Kein Wunder, denn landschaftlich ist der auf 725 m Höhe gelegene Tegernsee wirklich ein Juwel: An drei Seiten ist er von Bergen umgeben, die nicht schroff, sondern fast sanft wirken. Seine Ufer befinden sich allerdings größtenteils in Privatbesitz und sind daher nicht zugänglich.

Das „Tor zum Tegernsee" ist Gmund, das aber nicht direkt am See, sondern etwas nordöstlich davon an der Mangfall liegt. Der Ort besteht aus mehreren, noch recht ländlich wirkenden Ortsteilen; im Zentrum, nahe der Mang-

Ludwig Thoma

Der Lieblingsberg des bayerischen Schriftstellers Ludwig Thoma (1867–1921) war die Baumgartenschneid, mit 1448 m der höchste Berg zwischen Tegernsee und Schliersee. An seinem Südhang bezog Ludwig Thoma im Jahr 1908 sein Haus „Auf der Tuften". Dort verfasste er zahlreiche Werke, darunter den Schwank *Erster Klasse* und die Satire *Ein Münchner im Himmel*. Seine letzte Ruhe fand der 1921 in Tegernsee verstorbene Thoma auf dem Friedhof in Rottach-Egern, zwischen den Gräbern seines langjährigen Freundes Ludwig Ganghofer und seiner Geliebten Maidi Liebermann.

Rottach-Egern – dank seiner traumhaften Lage am Tegernsee eine der
besten Adressen der Region – entstand aus zwei Dörfern (ganz oben).

Auch der Ort Schliersee am gleichnamigen See braucht sich nicht zu
verstecken: Die Kirche St. Sixtus
zählt zu den bedeutendsten Gottes-
häusern der Region (oben).

fall, steht die Pfarrkirche St. Ägidius, deren Ursprung ins
11. Jh. zurückreicht. Ihre heutige Gestalt erhielt die Kirche
Ende des 17. Jh., als sie im prächtigen Barockstil neu
erbaut und ausgestattet wurde. Damit gilt sie als älteste
Kirche im Tegernseer Land.

Die bekannteste und historisch bedeutendste Siedlung am Tegernsee ist der gleichnamige Ort, die Keim-
zelle des Fremdenverkehrs im Tegernseer Tal. Als 1883
die Bahnlinie von München nach Tegernsee eingeweiht
wurde, entdeckten die Münchner Bürger die „Sommerfrische" am See und kamen scharenweise an das sonnenverwöhnte Südostufer des Tegernsees; daran hat sich bis
heute wenig geändert. Doch nicht nur landschaftlich hat
Tegernsee einiges zu bieten, auch kulturell steht es in der
Region ganz oben: So findet sich dort ein kleines, aber
feines Museum, das dem norwegischen Zeichner und Maler Olaf Gulbransson gewidmet ist; er wurde durch seine humorvoll-kritischen Zeichnungen
aus dem *Simplicissimus* bekannt.

Noch mondäner als Tegernsee ist Rottach-Egern, das aus zwei Fischer-
und Bauerndörfern zusammengewachsen ist. Exklusive Geschäfte prägen
das Ortsbild, aber auch die spätgotische Kirche St. Laurentius mit ihrem
Friedhof, auf dem Ludwig Thoma und sein Schriftstellerkollege Ludwig
Ganghofer begraben sind. Vor allem Kurgäste frequentieren Bad Wiessee am
Westufer des Sees, und auch die dort ansässige Spielbank zieht internationale
Besucher an. Über Bad Wiessee aber thront gelassen der 1564 m hohe
Fockenstein mit der Aueralm.

Schliersee – „Familiensee" mit Tradition

Mehr als 100 Jahre ist es her, seit die ersten Gäste zur Sommerfrische an den Schliersee kamen. Noch heute gehört der kleinere Nachbar des Tegernsees zu den saubersten Gewässern Oberbayerns, und entsprechend gut besucht ist er an schönen Sommerwochenenden. Dann sind Radfahrer und Wanderer rund um den See unterwegs, Badegäste zieht es an einen der schönen Badeplätze, und Wanderer erkunden die nahe gelegene Burgruine Hohenwaldeck. Auf dem See sind Motorboote zu Rundfahrten unterwegs; die erste Anlegestation ist die Insel Wörth mit kleinem Strand und Ausflugsgaststätte.

Tegernsee und Schliersee gehören seit über 100 Jahren zu den Zentren des Fremdenverkehrs in den Bayerischen Voralpen.

Danach geht es weiter nach Fischhausen am südlichen Ende des Sees und am Ostufer entlang Richtung Schliersee-Ort mit dem ehemaligen Richterhaus aus dem 15. Jh., das jetzt das Rathaus ist, und der Kirche St.-Sixtus, die ab 1712 an der Stelle eines mittelalterlichen Gotteshauses erbaut wurde.

Freilichtmuseum Markus Wasmeier

Weit über die Region Schliersee hinaus bekannt ist das am Südufer beim Bahnhof Neuhaus-Fischhausen erbaute Freilichtmuseum des Doppel-Olympiasiegers Markus Wasmeier. Auf rund 60 000 m² wurden hier zehn historische Gebäude, darunter vier Höfe, allesamt aus Oberbayern, sorgfältig und originalgetreu wieder aufgebaut. Der Schwerpunkt liegt auf dem bäuerlichen Leben des 18. Jh., beim Rundgang entdeckt man alte Kulturpflanzen und Alpenkräuter und erlebt verschiedene Nutztiere wie das Bergschaf, Hühner, Schweine, Gänse und Kühe.

Zu einer Reise in die bäuerliche Vergangenheit der Region lädt das bekannte Markus Wasmeier Bauernhof- und Wintersportmuseum in Schliersee ein.

Geadelt von Bayernherzögen und dem „Märchenkönig" Ludwig II. – der Herzogstand

Die beiden Herzöge sollten nicht die einzigen gekrönten Häupter sein, die sich für diesen zwischen Kochel- und Walchensee gelegenen Berg begeisterten. König Maximilian II., der Vater von König Ludwig II., ließ sich hier auf dem „Farchenberg", wie der Berg ursprünglich hieß, 1859 einen Reitsteg zu den beiden Gipfeln anlegen und ein Jagdhaus bauen.

Auch sein Sohn Ludwig liebte schon als Kind die Landschaft und Natur rund um den Herzogstand und begleitete seinen Vater manchmal zur Jagd. Später erklomm er den Berg zu Pferd. Und weil es ihm in der Bergeinsamkeit so gut gefiel, wollte sich der menschenscheue Regent direkt auf dem Gipfel in 1731 m Höhe eine Berghütte bauen lassen. Zum Glück redeten ihm Einheimische diese Idee aus und überzeugten ihn davon, dass die ungeschützte Lage am Gipfel für eine Unterkunft nicht geeignet ist. Stattdessen ließ er 1865/66 ein kleines Königshäuschen unterhalb des Gipfels, im Sattel zwischen Martinskopf und Fahrenbergkopf, aber oberhalb des Jagdhauses seines Vaters errichten. Das Hauptgebäude bestand aus acht Zimmern, einem Königszimmer und sieben Personalzimmern. Der Lieblingsplatz des Monarchen war das Dach, das er über eine Wendeltreppe erreichte, um nachts hier den Sternenhimmel und die Berge zu genießen.

Nach dem Tod des Königs 1886 ging das „Königshaus" 1896 schließlich an den Deutschen Alpenverein über – und damit war es mit der Bergeinsamkeit vorbei. Im gleichen Jahr wurde auch die Jagdhütte von Maximilian II. durch einen Blitzschlag ein Opfer der Flammen. Das Königshäuschen von Ludwig II. wurde in der Folge-

König Ludwig II. liebte den Herzogstand sehr, er soll 22-mal dort gewesen sein.

Ludwig II. ließ sich 1865 das Königshaus erbauen, einen Vorläufer des heutigen Berggasthauses Herzogstand.

zeit mehrfach ausgebaut und erweitert und diente als Schlafstätte für Wanderer. Das änderte aber nichts daran, dass auch später noch Künstler wie der Schriftsteller Hugo von Hofmannsthal und die Maler Franz Marc und Wassily Kandinsky gern hierher kamen. 1990 wurde das Haus bei einem Brand komplett zerstört, der Neubau wurde zwei Jahre später eingeweiht. Noch heute erreicht man das Berggasthaus von der Passhöhe der Kesselbergstraße auf dem einstigen königlichen Reitweg.

Anlässlich seines 100. Todestages 1986 wurde dem „Kini" dort ein Denkmal errichtet.

Klassiker der Münchner Hausberge

Seit Generationen gehört der Herzogstand zu den Klassikern unter den Münchner Hausbergen. Wer den Gipfel zu Fuß erreichen möchte, wandert von der Talstation der Herzogbahn in etwa zwei Stunden bis zum Berggasthaus *Herzogstand*. Man kann aber auch mit der Gondel bis zum Berggasthaus fahren; das letzte Stück bis zum Gipfel ist sehr bequem in etwa 45 Minuten zu gehen. Das Panorama ist überwältigend: im Norden die oberbayerischen Seen und dahinter München, im Osten die Benediktenwand, die Tegernseer Berge, der Wilde Kaiser und der Rofan, im Süden Großglockner, Großvenediger und das Karwendel, im Südwesten der Wetterstein mit der Zugspitze, im Westen Heimgarten und dahinter die Ammergauer und Allgäuer Berge.

Spitzingsee und Valepp

Ein richtiger Bergsee ist der auf 1084 m Höhe gelegene und bis zu 16 m tiefe Spitzingsee, der von den Gipfeln der Schlierseer Berge, darunter Rotwand, Stümpfling und Bodenschneid, umgeben ist. Mit fast 30 ha Fläche gilt er als größter Bergsee Bayerns, doch kann man ihn in einer knappen Stunde zu Fuß umrunden. Ganz in der Nähe des Seeufers liegt der historische Berggasthof *Wurzhütte,* dessen Ursprung auf das Jahr 1720 zurückgeht. Darüber hinaus gibt es im Spitzinggebiet noch viele gemütliche Berghütten, allen voran die Albert-Link-Hütte, die Schönfeldhütte und das Blecksteinhaus.

Im Sommerhalbjahr ist das Gebiet rund um den Spitzingsee ein Anziehungspunkt für Wanderer und Mountainbiker. Eine landschaftlich sehr schöne Wanderung führt von der Wurzhütte zunächst auf einer Teerstraße, später auf reizvolleren Wegen in das Gebirgstal Valepp, das von der Roten Valepp, dem einzigen Abfluss des Spitzingsees, durchflossen wird. Nördlich der gleichnamigen Siedlung trifft die Rote Valepp mit der Weißen Valepp zusammen, ab hier heißt der Bach nur noch Valepp.

Bis in die 1930er-Jahre bestand die kleine Siedlung Valepp aus nur wenigen Gebäuden: der Ochsenalm mit dazugehörigem Stall, dem Klausenhaus, einer Unterkunft für die Jäger, dem Forsthaus Valepp, das 1841 vom Königlichen Salinenamt erbaut wurde, und der frühbarocken Kapelle Maria Hilf, 1710 mit Unterstützung des Klosters Scheyern errichtet. Man erzählt sich, dass in der Kapelle eine Sennerin, die „Weiße Frau", mit ihrem Pferd verhungert sein soll.

Wegen der Nähe zu Österreich wurden im engen Tal der Valepp 1937 drei Zolldienstgebäude gebaut. Mit dem „Anschluss" Österreichs 1938 waren diese Gebäude überflüssig, und Heinrich Himmler, der in der Nähe ein

Wer Ruhe und Naturerleben sucht, wandert in das immer enger werdende Tal der Valepp bis zum gleichnamigen Ort. Durch das Tal fließt die Rote Valepp, die in die Weiße Valepp mündet (unten).

Am Talanfang, oberhalb des Spitzingsees, ist das Tal noch weitläufig und von Spazier- und Wanderwegen erschlossen (ganz unten).

Ferienhaus besaß, beschloss, diese zu Jagdhäusern umbauen zu lassen. Für die dafür erforderlichen Arbeiten wurden von 1942 bis 1944 Häftlinge aus dem KZ Dachau eingesetzt, allerdings wurden die fertigen Jagdhäuser kaum genutzt. Im Jahr 2000 riss man eines der Häuser ab, ein zweites 2003, das dritte, noch bestehende, wird jetzt vom Technischen Hilfswerk genutzt. Bis heute erhalten geblieben ist das mittlerweile denkmalgeschützte Forsthaus Valepp, in dem man noch immer vorzüglich einkehren kann, und die Ochsenalm, die 1983 Schauplatz einer in die Geschichte eingegangenen Wanderung von Franz-Josef Strauß und Helmut Kohl gewesen ist. Die beiden Politiker wollten eine gemütliche, medienwirksame Bergwanderung unternehmen, verliefen sich jedoch und waren am Ende neun Stunden unterwegs.

Idyllisch eingebettet in die stille Berglandschaft liegt der Spitzingsee, Bayerns größter Bergsee, der im Sommer beliebter Ausgangsort für Wanderer und Bergsteiger und im Winter für Skifahrer ist.

Ein Ort mit besonderer Vergangenheit

Das Schönste am Weiler Spitzingsee, der zur Gemeinde Schliersee gehört, ist seine Lage: in einem Talkessel, umgeben von hohen Bergen und direkt am See. Dass der Ort kein so rechtes Gesicht hat, sondern eher eine Ansammlung von Gasthäusern und Souvenirläden ist, hat seinen Ursprung im Jahr 1919. Damals fegten mehrere gewaltige Föhnstürme über die Region, die Hunderttausende von Bäumen umrissen. Um diese gewaltigen Holzmassen möglichst schnell ins Tal zu bringen, wurde im heutigen Spitzingsee über Nacht eine Barackensiedlung für die Holzarbeiter aufgebaut. Da es noch keine richtige Straße zum Spitzingsee gab, nur einen kleinen Fahrweg, wurde in Windeseile eine Bahnlinie, die „Bockerlbahn", eingerichtet, die vom Bahnhof Schliersee über den Spitzingsattel zum See, zur Wurzhütte und schließlich zur Waitzinger Alm führte. Heute sind die Spuren der Waldbahn kaum noch zu erkennen. Auch die Baracken wurden später abgerissen. Von den neuen Gebäuden fällt die Kirche ins Auge, die 1937/38 im Stil einer mittelalterlichen Wehrkirche erbaut wurde. Benannt ist sie nach dem heiligen Bernhard von Menthone, dem Patron der Bergsteiger und Bergwanderer.

Uwe Gruber, Hüttenwirt der Albert-Link-Hütte

Angefangen hat alles mit einem Sommer auf einer Alm. Dann packte Uwe Gruber die Leidenschaft für das Leben in den Bergen. Zufällig suchte der Deutsche Alpenverein Sektion München im Jahr 2000 einen neuen Hüttenwirt für die etwas in die Jahre gekommene Albert-Link-Hütte. Auf alle Fälle bewarben sich der gelernte Bäcker- und Konditormeister und Metzgersohn sowie seine Lebensgefährtin Ute Werner, gelernte Restaurantfachfrau, für die Hütte – und wurden prompt genommen. Gemeinsam entwickelte man ein neues Konzept, die Hütte wurde von Grund auf renoviert und modernisiert, aus den alten Schlaflagern wurden gemütliche Zimmer, die Gaststube bekam ein neues Gesicht, und die Terrasse wurde ausgebaut. Auch die Küche wurde auf den Kopf gestellt, ein eigener Backraum eingerichtet und auf der Terrasse fanden ein Backofen und ein Räucherofen ihren Platz.

„Unsere Philosophie ist eigentlich ganz einfach, wir wollen unseren Gästen etwas Besonderes bieten", erklärt der Hüttenwirt. „Deshalb backen wir z. B. jeden Tag unser Holzofenbrot und Körnerbrot frisch, je nach Rezept kommen Buttermilch, Gerstenmalz und frische Kräuter hinein." Das köstliche Brot wird auf der Hütte zu vielen Gerichten serviert, landet aber auch anderswo auf den Tellern, etwa im Arabella Hotel am Spitzingsee und einmal in der Woche wird es sogar nach München geliefert. Außerdem kommen Tag für Tag je nach Jahreszeit verschiedene Kuchen aus dem Backofen. Auch Käse, Speck, Schinken wird auf der Albert-Link-Hütte selbst geräuchert. Dann begrüßt die Wanderer auf dem Weg zur Hütte schon von Weitem ein würziger Duft nach Buchenrauch. Und an manchen Tagen, wenn Gruber, ein leidenschaftlicher Jäger, Jagdglück hat, gibt es sogar Gamsbraten mit Knödeln.

Hüttenspezialitäten im Direktverkauf

Soweit wie möglich bezieht Gruber alle Zutaten aus der Region, von Bauern und Metzgern, die er persönlich kennt. Mittlerweile betreiben die gebürtigen Vogtländer zwei Hütten der Sektion München des Deutschen Alpenvereins sowie das Taubensteingipfelstüberl und beschäftigen rund 20 Mitarbeiter. Doch noch immer sind die beiden mit Leib und Seele Wirte und Gastgeber. „Ich gehe morgens erst einmal in den Wald, bei jedem Wetter und zu jeder Jahreszeit. Dieses Ritual brauche ich, um meine Gedanken zu sortieren und meinen Zwölf-Stunden-Tag und die Sieben-Tage-Woche zu planen", verrät Uwe Gruber. „Und ich habe gelernt, auch mal loszulassen und unsere Mitarbeiter, die oft schon viele Jahre bei uns sind, selbstständig arbeiten zu lassen."

Schon beim Einkaufen achten Gruber und sein Team auf beste Qualität, in den Räucherhütten erhalten die Spezialitäten ihren unverwechselbaren Geschmack, den die Gäste so schätzen. Und weil selbst mehrere Besuche auf der Albert-Link-Hütte nicht ausreichen, um alle Schmankerl zu probieren, verkauft der umtriebige Hüttenwirt seine selbst gemachten Spezialitäten: Dazu gehören geräucherte Wildsalami und -schinken, Räucherkäse und natürlich das unwiderstehliche Brot und selbst gekochte Gelees, beispielsweise Löwenzahngelee.

Bekannt und beliebt ist die leicht erreichbare Albert-Link-Hütte – wer einmal hier eingekehrt ist, versteht, warum.

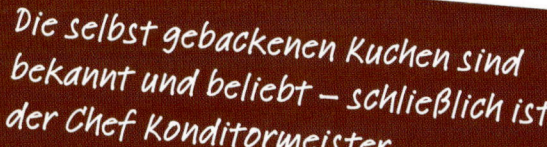

Die selbst gebackenen Kuchen sind bekannt und beliebt – schließlich ist der Chef Konditormeister.

Seit dem Jahr 2000 betreiben Uwe Gruber und Ute Werner die Albert-Link-Hütte und sorgen unermüdlich dafür, dass sie attraktiv für Ausflügler bleibt.

Manchmal mischt sich Uwe Gruber auch unter seine Gäste.

Im Winter kann es auf dem 1838 m hohen Wendelstein recht unwirtlich sein – so mancher sucht da Unterschlupf im kleinen Wendelsteinkircherl unterhalb des Gipfels.

Mehrere Millionen Jahre alt ist die mutmaßlich höchstgelegene und älteste Schauhöhle Deutschlands – die Wendelsteinhöhle.

Am 23. Oktober 1938 wurde das Gotteshaus von Kardinal Michael Faulhaber eingeweiht. Doch 1943 beschlagnahmten die Nationalsozialisten die Kirche, um sie zu überschwemmen. Ihr Plan war es, den Seespiegel um 17 m anzuheben, um einen Stausee für ein Elektrizitätswerk anzulegen. Zum Glück kam es nie dazu.

Mangfallgebirge mit Wendelstein

Zwischen Isar und Inn erstreckt sich das Mangfallgebirge, zu dem die Tegernseer Berge, die Schlierseer Berge und die Wendelsteingruppe gehören. Im Osten wird das Mangfallgebirge vom wohl bekanntesten oberbayerischen Berg begrenzt, dem 1838 m hohen Wendelstein. Seinen unverwechselbaren, markanten Gipfel kennt jeder, der schon einmal auf der Autobahn München–Salzburg in Richtung Chiemgau gefahren ist. Wer den imposanten Berg zu Fuß besteigen will, muss je nach Route mit etwa fünf Stunden Gehzeit rechnen, bequemer und schneller geht es mit der Zahnradbahn, die ab Brannenburg im Inntal in etwa 30 Minuten bergauf fährt.

Dass der Wendelstein schon in der Frühzeit des Alpentourismus ein beliebtes Ziel gewesen ist, beweist die Tatsache, dass die Bahn als erste deutsche Hochgebirgsbahn 1910–1912 gebaut wurde, damals eine technische Pionierleistung! Seit 1970 erreicht man den Gipfel außerdem in nur sieben Minuten mit der Seilbahn von Osterhofen-Bayrischzell – doch reizvoller ist die Fahrt mit der Zahnradbahn. Auf dem Gipfel hat man eine fantastische Aussicht; allerdings ist man dort oben so gut wie nie allein: Zum einen kommen dank der Bergbahnen zahlreiche Menschen hierher, zum anderen lockt eine ganze Reihe von Attraktionen noch weitere Besucher an. So das 1883 eröffnete Wendelsteinhaus, das spätestens seit dem Filmhit *Wer früher stirbt, ist länger tot* von Markus Rosenmüller deutschlandweit bekannt ist. Von hier sind es nur ein paar Schritte zum Gacher Blick, einer Aussichtskanzel, deren Panorama einzigartig in den Bayerischen Voralpen ist: Man hat rund 200 Gipfel im Blick, vom Wilden Kaiser über die Zentralalpen mit Großglockner und Großvenediger, Rofan, Karwendelgebirge und Wettersteingebirge bis zur Zugspitze.

Weil sich die erste Wirtin des Wendelsteinhauses Rosa Krimbacher bitter darüber beklagte, dass man hier oben nicht in die Kirche gehen könne, wurde auf Initiative des Münchner Kunstprofessors und Wendelsteinliebhabers Max Kleiber ein kleines Kirchlein unweit des Gipfels erbaut. Am 20. August 1890 weihte der damalige Münchner Erzbischof das Gotteshaus auf dem Wendelstein ein. Prunkstück des neu erbauten Kirchleins war und ist das mit 7 Dukaten vergoldete Turmkreuz, übrigens eine Spende des noch heute existierenden Münchner Kaufhauses Ludwig Beck.

Deutschlands höchste Schauhöhle

Bereits 1864 wurde eine weitere Attraktion auf dem Wendelstein entdeckt: die direkt unter dem Gipfel auf 1711 m Höhe gelegene Höhle. Richtig erforscht wurde sie ab 1882, wobei die Forscher feststellten, dass die Höhle Teil eines weitläufigen Systems ist, das sich durch das Innere des gesamten Bergmassivs erstreckt. Aufgrund ihrer extremen Höhe nimmt man an, dass die Höhle bereits während der Auffaltung der Alpen entstanden ist, also während eines Zeitraums vor 30 Mio. bis vor 2 Mio. Jahren. Vermutlich ist sie nicht nur die höchste, sondern auch die älteste Schauhöhle Deutschlands, denn sie wurde bereits vor 125 Jahren für Besucher zugänglich gemacht. Heute sind 170 m der insgesamt 573 m langen Höhle begehbar – der Rest gehört den Fledermäusen und den zahlreichen Kleinstlebewesen wie Höhlenmilben, Springschwänzen oder Fadenwürmern, die hier einen geschützten Lebensraum gefunden haben. Um die Besucher für diesen besonderen Lebensraum zu sensibilisieren, wurden vier interaktive Stelen zu den Bereichen Biologie, Geologie, Philosophie und Psychologie eingerichtet.

Und damit ist man gleich bei der nächsten Attraktion auf dem Wendelstein: dem GEO-Park, wo auf mehreren Wanderlehrpfaden u. a. anschaulich über die Entstehung der Alpen informiert wird. Zudem stehen auf dem Wendelstein der weithin sichtbare BR-Sender, der seit 1954 weite Teile von Oberbayern mit Fernsehbildern und Hörfunkprogrammen versorgt, sowie eine Sternwarte und eine Wetterstation.

Bedeutende Klöster und Kirchen

Das oberbayerische Alpenland ist wie kaum eine andere
Region Deutschlands durch eine Vielzahl prächtiger Klöster
und Kirchen aus unterschiedlichen Epochen geprägt.

Zu den schönsten Klöstern Oberbayerns gehört die barocke Benediktiner-
abtei Ettal, die 877 m hoch auf einer Passhöhe zwischen dem Loisach- und
dem Ammertal liegt und von Berggipfeln überragt wird. Gegründet wurde
sie 1330 durch Kaiser Ludwig den Bayern – wohl mehr aus politischen als
aus Glaubensgründen. Denn zwischen dem Kaiser und dem Avignoner Papst
Johannes XXII. war ein heftiger Streit um die politische Vormachstellung
entbrannt, weshalb der Kaiser mit der Klostergründung ein Zeichen seiner
Religiosität setzen wollte.

In den darauffolgenden Jahrhunderten spielte Kloster Ettal über die
Region hinaus keine besondere Rolle. Verschiedene Krisen, sei es durch die
Reformation oder den Dreißigjährigen Krieg, schwächten es zusehends. Erst
ab Mitte des 17. Jh. ging es durch die Unterstützung des Kurfürsten wieder
aufwärts. Die Marienwallfahrt, die ihren Ursprung im 15. Jh. hat, wurde
zunehmend beliebt; das Kloster gewann an Bedeutung und Einfluss. Unter
Abt Placidus II. Seiz erlebte das Kloster seine eigentliche Blüte. Er sorgte
dafür, dass Klosteranlage und Kirche nach den Plänen des Münchner Hof-
architekten Enrico Zucalli im barocken Stil umgebaut wurden. Außerdem
richtete der Abt 1710 eine Ritterakademie im Kloster ein. Ungewöhnlich war,
dass sie nicht nur Adeligen, sondern auch Bürgern
offenstand – der Grundstock für die Abtei Ettal als
Bildungsstätte war gelegt.

Ettals wechselvolle Geschichte

Doch diese Blütezeit sollte nur kurz dauern: 1744
brach in Ettal ein verheerendes Feuer aus, dem
Kirche, Kloster und Bibliothek zum Opfer fielen;
auch die Ritterakademie wurde zerstört. Der Wiederaufbau war nur durch Mithilfe privater Wohl-
täter möglich, da das Kloster nahezu mittellos und
der bayerische Kurfürst durch den Dreißigjährigen
Krieg finanziell geschwächt war. Dennoch wurden
namhafte bayerische Künstler beauftragt, das

**Ob es so wohl im Himmel aus-
sieht? Zumindest war es die Ab-
sicht des Malers Johann Jakob
Zeiller, dem Betrachter seines
gigantischen Freskos in der Kuppel
der Ettaler Klosterkirche diese
Illusion zu vermitteln.**

Kloster im Rokokostil wiederaufzubauen. Die Baupläne kamen vom renommierten Baumeister Joseph Schmuzer (1683–1752), der mit Georg Übelher auch die Stuckierung übernahm; das gewaltige Deckenfresko der Hauptkuppel stammt von Johann Jakob Zeiler. Doch schon folgte der nächste Schlag: die Säkularisation am 1. April 1803. Zunächst ging das Kloster in staatlichen Besitz über, dann wurde es verkauft, die Klosterkirche diente als Pfarrkirche. Nach und nach wurden die Klostergebäude abgerissen, die Bibliothek wurde größtenteils versteigert.

Erst 1900 erfolgte die Neugründung des Konvents, verbunden mit der Auflage, ein Gymnasium zu errichten, das 1905 seine Pforten öffnete. Im Nationalsozialismus wurden Schulbetrieb und Kloster geschlossen; beides wurde 1946 wieder eröffnet. In den 1950er- und 1960er-Jahren blühte das Kloster Ettal noch einmal auf, auch die Bibliothek wurde wesentlich erweitert. Heute leben rund 50 Mönche im Kloster; sie widmen sich der Ausbildung von Jugendlichen und betreiben mehrere Betriebe, darunter eine Bäckerei, eine Brauerei, Handwerksbetriebe sowie einen Buch- und Kunstverlag.

Seit 1905 werden im Kloster Ettal Schüler auf das Leben (und das Abitur) vorbereitet – traditionell fühlen sich die Mönche dem Bildungs- und Erziehungsauftrag verpflichtet.

Blüte, Niedergang und Neuanfang: Mehrfach musste sich das Benediktinerkloster Ettal neu erfinden.

Kloster Tegernsee – überragendes Zentrum im Mittelalter

Jedem Besucher Tegernsees sticht das gelbe Gebäude sofort ins Auge – aber so mancher besucht nur das Bräustüberl, ohne einen Gedanken daran zu verschwenden, dass sich hier einmal eines der bedeutendsten Klöster Oberbayerns befand, gegründet um die Mitte des 8. Jh. von den beiden adeligen Brüdern Adalbert und Otkar. Um dem Kloster zu einem Schutzheiligen zu

Seit ihrer umfangreichen Renovierung 1998–2004 erstrahlt die ehemalige Klosterkirche St. Qurin in Tegernsee mit ihrem hellen Stuck und den farbenfrohen Fresken wieder in voller Pracht (oben rechts).

Unübersehbar ragt das Kloster Tegernsee an der Uferpromenade auf. Früher war es eines der bedeutendsten Klöster der Region, heute wird hier nach bester Klostertradition Bier gebraut und ausgeschenkt (oben links).

verhelfen, pilgerten sie – so will es die Legende – nach Rom, wo sie vom Papst die Reliquien des Märtyrers Quirinus erhielten. Diese wurden am 16. Juni 804 in der Klosterkirche beigesetzt – und noch heute gedenkt man seiner alljährlich an diesem Tag. Über die Frühzeit des Klosters ist wenig bekannt, außer dass es recht wohlhabend war. Um das Jahr 970 brannte das Konvent nieder, doch der Wiederaufbau erfolgte bereits 978, als Kaiser Otto II. Mönche aus Trier nach Bayern berief. Rasch entwickelte sich das Kloster zu einem politischen, wirtschaftlichen und künstlerischen Zentrum; besonders angesehen war seine Schreib- und Malschule – sogar Friedrich Barbarossa ließ hier prächtige Handschriften anfertigen. Diese erste Blütezeit ging im 14. Jh. durch Misswirtschaft und mangelnde Disziplin zu Ende – da wirkte es wie ein göttliches Zeichen, dass 1424 der Chor der Klosterkirche einstürzte.

Doch bereits wenige Jahre später erfolgte mithilfe des Benediktinerordens und infolge der Öffnung des Klosters für Bürgerliche ein Neubeginn. Wieder wurden Kloster und Kirche neu erbaut. 1476 war die große dreischiffige Basilika vollendet, bis heute Kern der Klosterkirche. Die durch viele neue Handschriften und Frühdrucke bereicherte Bibliothek galt bald als eine der größten des Abendlandes. Ab dem 17. Jh. wurden Kloster und Kirche im barocken Stil umgebaut, die besten bayerischen Meister, darunter Hans Georg Asam und Johan Baptist Zimmermann, arbeiteten fast 100 Jahre an der Fertigstellung. 1746 feierte Tegernsee stolz sein 1000-jähriges Bestehen – nicht ahnend, dass es ein halbes Jahrhundert später nicht mehr bestehen würde. Mit der Säkularisation 1803 wurde das Kloster aufgelöst und verkauft, die wichtigsten Kunstwerke kamen in staatliche Sammlungen.

Vom Kloster zur königlichen Sommerresidenz

Als König Max I. Joseph von Bayern im Sommer 1815 mit seiner Familie einen Ausflug nach Tegernsee unternahm, war Königin Caroline sofort hingerissen von den Resten des Klosters. Der König kaufte sie 1817 und beauftragte den klassizistischen Architekten Leo von Klenze mit dem Umbau in eine Sommerresidenz. Mit der königlichen Familie kamen zunehmend mehr Besucher an den Tegernsee: Adelige, Münchner Bürger, Künstler und viele andere – der Fremdenverkehr im Tegernseer Tal war geboren. Und aus dem ehemaligen Kloster und der Kirche sind eine Pfarrkirche, ein Privatschloss der Wittelsbacher, das Herzoglich Bayerische Brauhaus Tegernsee mit seinen Gaststätten sowie ein staatliches Gymnasium geworden.

Benediktbeuern – das älteste Kloster Oberbayerns

Benediktbeuern wurde um das Jahr 739 gegründet und beeindruckt schon durch seine spektakuläre Lage am Fuß der Benediktenwand. Bereits früh gewann es überregionale Bedeutung. 817 wurde es zum Reichskloster erhoben. Doch dann fielen die Ungarn in Bayern ein und zerstörten 955 das Kloster. Da war es ein Segen, dass es am nahen Tegernsee ein Benediktinerkloster gab, dessen Mönche 1031 für die Neubesiedlung in Benediktbeuern sorgten. Seine heutige Gestalt erhielt die ausgedehnte Klosteranlage mit der Abteikirche St. Benedikt und der Anastasia-Kapelle allerdings im 17. Jh. 1722 kam das Bibliotheksgebäude dazu. Die Klosterbibliothek enthielt u. a. die *Carmina Burana,* die berühmte Sammlung mittelalterlicher Vagantenlieder. Wie alle bayerischen Klöster wurde auch Benediktbeuern 1803 säkularisiert und wechselte danach mehrfach den Besitzer. 1818 ging es an den Staat, der die Räumlichkeiten sogar als Kaserne und Gefängnis nutzte. 1930 erwarben die Salesianer Don Boscos das ehemalige Konvent und gründeten eine philosophisch-theologische Hochschule, 1971 kam die Hochschule für Sozialpädagogik hierher. Mittlerweile lernen an den beiden Hochschulen rund 600 Studenten.

Anders als im Kloster Tegernsee leben im Kloster Benediktbeuern noch heute Mönche des Benediktinerordens. Zudem öffnet das Kloster Studenten zweier Hochschulen und anderen Wissbegierigen seine Pforten.

Wie lebendig der katholische Glauben vielerorts in Oberbayern noch ist, zeigen die zahlreichen Wallfahrten – hier in Fischbachau zur Wallfahrtskirche Maria Himmelfahrt.

Fischbachau und seine ehemalige Klosterkirche

Im weiten Leitzachtal, zwischen Miesbach und Bayrischzell, liegt der beschauliche Ort Fischbachau mit seinen stattlichen alten Bauernhöfen. Doch als Erstes sticht der hohe Turm der ehemaligen Klosterkirche, heute die Pfarrkirche St. Martin, ins Auge. Als dreischiffige romanische Basilika, eine der besterhaltenen Oberbayerns, wurde sie im Jahr 1100 dem Heiligen Martin geweiht, dessen Leben in wunderbaren Fresken im Kircheninneren dargestellt ist. Im 18. Jh. wurde die Kirche im Rokokostil „modernisiert", behielt aber ihre romanischen Grundzüge. Noch älter ist die nahe Friedhofskirche Mariä Schutz, die 1087 geweiht und danach mehrfach umgestaltet wurde. Damit ist sie nicht nur die älteste Kirche in Fischbachau, sondern die älteste in ihrer Bausubstanz erhaltene in ganz Oberbayern. Anlässlich ihres Baus wurde das heutige Fischbachau erstmals schriftlich erwähnt. Seiner Gründerin, der Gräfin Haziga, Witwe von Graf Otto II. von Scheyern, wird bis heute im Gemeindewappen gedacht.

Nicht alle Klöster schaffen den Sprung in die Moderne: Das altehrwürdige Franziskanerkloster in Bad Tölz musste 2008 seine Pforten schließen.

Haziga hatte um 1076 den Eremiten Otto und Adalprecht ein Waldstück in der Nähe des heutigen Bayrischzell zur Gründung einer Einsiedelei überlassen. Wenig später schenkte die Gräfin diese Eremitei dem Benediktinerkloster Hirsau, das um 1080 zwölf Mönche dorthin entsandte, um ein Kloster zu errichten. Doch schon bald erwies sich der Standort als zu unwirtlich, und noch vor 1087 siedelte das junge Kloster in das günstiger gelegene Fischbachau über. Dies war die Geburtsstunde der Hofmark Fischbachau, die damals „Viscpachisowa" genannt wurde, also „Au am fischreichen Bach". Doch die Geschichte des Klosters blieb weiterhin wechselhaft: Um 1104 ließ Graf Otto III. den Konvent auf den Petersberg bei Eisenhofen-Dachau

verlegen, und 1119 wandelte Otto V. die verlassene Stamm-
burg der Scheyern in ein Kloster um, das die Benediktiner
vom Petersberg führten. Fischbachau blieb bis zur Säkularisation 1803 Propstei dieses neu gegründeten Klosters.

Das Gemeindewappen gibt noch einen weiteren Hin-
weis auf ein geschichtsträchtiges Ereignis: Die Marienkrone
steht für die viel besuchte Marienwallfahrt in das nahe
Birkenstein mit der Wallfahrtskapelle Maria Himmelfahrt.
Diese wurde vor allem ab dem 18. Jh. von den Benedikti-
nermönchen im Kloster Scheyern gefördert.

Bad Tölz – wie aus dem „Klösterl" ein Kloster wurde

Jüngeren Datums ist das Franziskanerkloster in Bad Tölz:
Ab 1624, mitten in den Wirren des Dreißigjährigen Krieges, wurde dort auf Initiative des Pflegrichters Julius Cäsar
Crivelli ein erstes „Klösterl" erbaut. Crivelli setzte sich für
die „Reformaten" ein, einen strengen Reformzweig der
Franziskaner in Bayern, und gründete in Tölz das erste
Reformatenkloster im Kurfürstentum. Standort für das
neue Kloster war der Ortsteil Gries jenseits der Isar, wo vor
allem Flößer, Fischer und Tagelöhner lebten, während auf
der anderen Flussseite vermögende Kaufleute und Bierbrauer das Sagen hatten. Bald übernahmen die Franzis-
kanermönche den Predigtdienst in der Tölzer Pfarrkirche,
zudem waren sie in der Krankenseelsorge tätig. Für ihren
Lebensunterhalt sorgte regelmäßiges „Termieren", das Sammeln von Spen-
den; zusätzlich erhielten sie Naturalien vom Münchner Hof und betrieben
ab 1694 eine Brauerei. Ihr heutiges, vergleichsweise schmuckloses Aussehen
erhielt die Klosteranlage ab 1733. Auch die Innenausstattung der barocken
Kirche ist einfach, wie es für den Franziskanerorden typisch ist.

Im Februar 1802 wurde die Auflösung ihres Konvents verkündet, die
nach etlichen Wirren Ende Oktober erfolgte. Große Teile der Bibliothek
wurden vernichtet; nur ein kleiner Teil kam nach München, Kirche und
Friedhof gingen an die Pfarrei Tölz, der Konvent wurde zur Schule, Neben-
gebäude wurden verkauft. Doch schon bald setzten sich einflussreiche Tölzer
für eine Neugründung des Konvents ein, unterstützt vom Erzbischöflichen
Ordinariat in München. Bereits 1827 genehmigte König Ludwig I. den Plan,
1829 bezogen ein Pater und ein Laienbruder das neue Hospiz. In den folgenden Jahren kamen immer mehr Franziskaner nach Tölz, und 1836 erhob
Ludwig I. das Kloster Tölz in den Rang eines Konvents. Und das blieb es
auch bis zum Jahr 2008, als das Kloster aus Mangel an Nachwuchs geschlossen werden musste und eine jahrhundertelange Tradition zu Ende ging.

Der Tölzer Kalvarienberg

Nordwestlich der Tölzer Altstadt erhebt
sich der Kalvarienberg, von dem aus man
einen wunderbaren Blick über den Isarwinkel
hat. Ein Kreuzweg führt bergauf zur Kalva-
rienbergkirche, beide aus dem frühen 18. Jh.:
1711 wurde ein erstes Kreuz aufgestellt, 1718
kamen sieben Wegkapellen und die „Heilige
Stiege" dazu, 1735 der Golgathahügel mit
der imposanten Kreuzigungsgruppe. Später
wurde die Stiege mit einer Kirche überbaut
und eine Kreuzkirche mit Heiligem Grab
angegliedert. Nur wenige Schritte entfernt
steht die kleine Leonhardikapelle, 1718 von
Tölzer Zimmerleuten zu Ehren der Muttergot-
tes errichtet. Sie ist alljährlich am 6. November das Ziel des
bekannten Tölzer
Leonhardiritts.

Chiemgauer Alpen –
Aussichtsgipfel der Superlative

Bekannt und unverwechselbar mit ihren steil aufragenden
Felsspitzen ist die Kampenwand, doch der höchste Gipfel der
Chiemgauer Berge ist das Sonntagshorn.

Die Chiemgauer Alpen gehören zu den Nördlichen Kalkalpen, ihre Gipfel
liegen überwiegend in Bayern, zu einem geringen Teil auch in Österreich.
Im Westen bilden Rosenheim und der Inn die Grenze, im Osten Bad Reichenhall und die Saalach. Als nördliche Begrenzung gilt gemeinhin die Autobahn München–Salzburg, im Süden grenzen die Chiemgauer Alpen an das
Salzburger Saalachtal, die Reiter Alpe, die Loferer Steinberge und das Kaisergebirge. Zu den bekanntesten Orten im Tal gehören von Ost nach West Bad
Reichenhall, Inzell, Ruhpolding, Reit im Winkl, Schleching und Sachrang.

In niedrigen Lagen prägen Wälder und Almen die Chiemgauer Berglandschaft, in größerer Höhe sowie an steilen Nord- und Westhängen überwiegen Fels und Schutt. Geologisch sind die Chiemgauer Alpen überaus
abwechslungsreich, da sie aus unterschiedlich alten Gesteinsschichten aufgebaut sind: Die meisten Gipfel, etwa Hochgern, Rauschberg und Hochstaufen,
bestehen aus Wettersteinkalk, Hochries, Geigelstein und Hochplatte dagegen
aus Hauptdolomit. Im Priental steht alpiner Muschelkalk an, am Spitzstein
und Breitenstein haben sich wasserundurchlässige Gesteinsschichten aus Ton
und Kalk, die sogenannten Kössener Schichten, abgelagert.

**Malerisch liegt der Chiemsee zu
Füßen der Kampenwand; während
es im Tal schon frühlingshaft grünt,
sind die Berggipfel noch einige
Wochen mit Schnee bedeckt.**

Mit Aufstiegshilfen auf diverse Gipfel

Die meisten Berge der Chiemgauer Alpen sind bei Wanderern sehr beliebt, da ihre Gipfel eher sanft als schroff und daher nicht allzu anstrengend zu erklimmen sind. Zudem sorgt eine Vielzahl markierter Wege für Orientierung und Sicherheit. Besonders leicht macht es einem der zentrale Bereich der Chiemgauer Alpen mit den Gipfeln der Kampenwand, des Geigelstein, des Hochgern, des Hochfelln und des Rauschbergs. Diese Aussichtsberge lassen sich bequem mit der Bahn erreichen, entweder direkt bis zum Gipfel oder etwas unterhalb. Oben kann man auf bequemen Panoramawegen und geologischen Pfaden nicht nur die Aussicht genießen, sondern auch die Entstehung der Gegend erkunden.

Aufgrund ihrer bevorzugten Lage am nördlichen Alpenrand bieten die Chiemgauer Alpen geradezu grandiose Ausblicke: Nach Süden blickt man auf den Alpenhauptkamm, nach Norden in das bayerische Alpenvorland. Und nicht immer muss man dafür den Gipfel erklimmen, oft reicht schon die Sonnenterrasse einer der gemütlichen Berghütten als Aussichtsloge. Doch auch als Kletterberge sind die Chiemgauer Alpen beliebt: An der Kampenwand, an der Hörndlwand und auch an der Steinplatte finden sich zahlreiche Kletterrouten in verschiedenen Schwierigkeitsstufen.

Auch im Winter sind die Chiemgauer Alpen ein beliebtes Ziel: Spitzstein, Hochgern und andere Gipfel lassen sich auf Skitouren oder mit Schneeschuhen besteigen, darüber hinaus gibt es mehrere Skigebiete, allen voran das Gebiet bei der Winklmoos Alm und Steinplatte.

Von der lang gestreckten Hochterrasse der Ratzinger Höhe hat man einen herrlichen Panoramablick über das weite Talbecken des Inn, das sich am Morgen noch in Nebelschwaden hüllt.

Wer es als Wanderer eher bequem mag, ist auf den sanften Gipfeln und Panoramawegen gut aufgehoben.

Aschau, Hohenaschau und die Kampenwand

Hoch aufragende Berge und unversehrte Natur, interessante Kunst und Kultur – damit kann der Luftkurort Aschau im Chiemgau aufwarten. Außerdem mit gleich zwei Wahrzeichen: der 1669 m hohen Kampenwand, die so heißt, weil ihr dreigezackter Gipfel an den Kamm eines Hahnes erinnert, und dem im Priental thronenden Schloss Hohenaschau.

Das Priental wurde dank seiner begünstigten Lage schon früh besiedelt, zunächst von den Kelten und Römern, um das Jahr 500, dann auch von den Bajuwaren. Um 927 wurde Aschau erstmals als „Ad Ascouva" erwähnt; damals kaufte der Salzburger Erzbischof das Land, um dort Almwirtschaft zu betreiben. Um 1170 wurde die Burg Hohenaschau von Konrad und Arnold von Hirnsberg als Stützpunkt am Eingang zum oberen Priental erbaut. Im 14. Jh. kam eine erste Kirche dazu, im 16. Jh. wurde die Burg im Stil der Renaissance und des Hochbarock zu einem Schloss um- und ausgebaut. Aus dieser Zeit stammen auch die barocke Schlosskapelle und das Benefiziatenhaus, in dem heute das Prientalmuseum untergebracht ist.

Die Folgezeit war von Kriegen, Plünderungen und Hungersnöten gekennzeichnet, was schließlich zum Ende der Linie von Preysing auf Hohenaschau führte. Nach wechselnden Besitzern übernahm 1875 Freiherr von Cramer-Klett das Schloss. Wenig später, 1878, ließ derselbe Freiherr die Bahnlinie Prien–Aschau anlegen, was Anfang des 20. Jh. die ersten „Sommerfrischler" nach Aschau brachte. Seit 1942 ist die Burg in staatlichem Besitz. Nach einer umfangreichen Renovierung ist Schloss Hohenaschau seit Mai 2012 wieder öffentlich zugänglich und kann im Rahmen einer Führung besichtigt werden. Besonders eindrucksvoll sind die herausragenden Fresken im historischen Laubensaal aus dem späten 17. Jh.

Imposant und wehrhaft erhebt sich Schloss Hohenaschau, eine der größten Burganlagen Oberbayerns, hoch über dem Priental und der Stadt Aschau.

Nach dem Zweiten Weltkrieg kamen immer mehr
Gäste nach Aschau und zur Kampenwand, sodass der Bau
einer Seilbahn auf das Plateau unterhalb des Ostgipfels
beschlossen wurde. 1955–57 wurde an der Kleinkabinen-
Zweiseilumlaufbahn gebaut, an der Talstation in Aschau
auf 620 m Höhe, den sechs Stützen unterwegs sowie der
Bergstation auf 1461 m Höhe. Am 8. Juni 1957 war es dann
so weit: Die ersten Fahrgäste stiegen in die Viererkabinen
ein und ließen sich in knapp 15 Minuten in die Höhe bringen; die neue
Bahn legte dabei eine 2480 m lange Strecke zurück und überwand 841 Höhenmeter. Schon damals war die Bergstation Ausgangspunkt für viele Bergtouren; erst später kamen dann Kletterer sowie Drachen- und Gleitschirmflieger dazu, die die Kampenwand wegen ihrer thermischen Verhältnisse
lieben. Wer sich auf den Ostgipfel der Kampenwand wagt, muss trittsicher
und schwindelfrei sein, denn der Aufstieg hat es in sich – dafür wird man mit
einem Traumpanorama belohnt: Priental, Chiemsee und Chiemgau, die
Zentralalpen bis zum Großglockner und Großvenediger, die Berchtesgadener Alpen, das Kaisergebirge, die Loferer Steinberge und die Hohen Tauern.

**Die Kampenwand mit ihrem zerklüf-
teten Gipfelbereich ist der markan-
teste Aussichtsberg im Chiemgau
(oben links).**

**Schon seit 1957 befördert die Kam-
penwandbahn bis zu 300 Personen
in der Stunde von der Talstation hinauf zur Kampenhöhe auf 1464 m
(oben).**

Auf dem Ostgipfel thront das Chiemgaukreuz

Doch als Erstes sticht das gewaltige eiserne Gipfelkreuz auf dem Ostgipfel ins
Auge. Die 12 m hohe Stahlkonstruktion wurde am 26. August 1951 feierlich
zum Gedenken an alle in den beiden Weltkriegen gefallenen und vermissten
Chiemgauer eingeweiht. Das vorherige Holzkreuz war einige Jahre zuvor
durch einen Blitzeinschlag zerstört worden, worauf man beschloss, ein
neues, wetterfestes Eisenkreuz zu bauen. Als das gewaltige Kreuz fertig war,
stellte sich die Frage, wie man es ohne moderne technische Hilfsmittel auf
über 1600 m Höhe transportieren sollte. Rund 3000 Freiwillige packten im
Sommer 1950 mit an und beförderten das zerlegte Eisenkreuz mit eigenen
Händen hinauf. Wer um diese Geschichte weiß, versteht, wie symbolträchtig
das Gipfelkreuz der Kampenwand ist, weshalb es auch „Chiemgaukreuz"

Eine bayerische Traumstraße verbindet Lindau am Bodensee und Berchtesgaden am Königssee

Die Idee zur Schaffung der ältesten Ferienstraße Deutschlands entstand 1927, ihre heutige Führung erhielt sie in den 1930er-Jahren: Als Queralpenstraße verbindet sie die Quertäler der Alpen entlang der Bayerischen Alpen in Ostwestrichtung, wobei sie mit zwei kurzen Teilstrecken auch durch österreichisches Gebiet führt. Auf exakt 465 meist kurvigen Kilometern verbindet sie Lindau und Berchtesgaden und präsentiert dabei die landschaftlichen und kulturellen Höhepunkte Oberbayerns: imposante Berggipfel wie Zugspitze und Watzmann, idyllische Seen wie Kochelsee und Schliersee, sanfte Hügel, grüne Wälder und reizvolle Täler; auch mehrere berühmte Schlösser und Klöster liegen an der Strecke, ebenso wie zahlreiche ursprüngliche Dörfer, Ferien- und Kurorte. Bei sonnigem Wetter sind Cabrio- und Motorradfahrer unterwegs, auch viele Radfahrer nehmen die zahlreichen Steigungen als sportliche Herausforderung an.

Seen, Schlösser, Traditionen

In Lindau am Bodensee nimmt die Deutsche Alpenstraße ihren Anfang. Von dort geht es in Richtung Allgäuer Berge, nach Oberstaufen mit den Buchenegger Wasserfällen. Auch die nächste Station, das beschauliche Immenstadt, ist vom Wasser geprägt: vom Großen Alpsee, mit 247 ha der größte Bergsee im Allgäu, und seinem Nachbarn, dem Kleinen Alpsee. Die südlichste Stadt Deutschlands, Sonthofen, ist kulturelles und touristisches Zentrum des oberen Allgäus. Im nahen Nesselwang dreht sich alles um den Sport, während Pfronten viele Kur- und Wellnessgäste anzieht. In Füssen steht das bayerische Herrschergeschlecht der Wittelsbacher im Mittelpunkt: Im Schloss Hohenschwangau ver-

Im Gletschergarten bei Weißbach sind noch heute Spuren der letzten Eiszeit erhalten: Gletscherschliffe und Findlinge zeugen von der ungeheuren Kraft des Gletschers, der das Weißbachtal überformte (rechts).

Auch an vielen Seen führt die Alpenstraße vorbei, hier am idyllischen Mittersee nahe Ruhpolding (großes Bild).

brachte der spätere König Ludwig II. in jungen Jahren zahlreiche Sommer. Sein Märchenschloss Neuschwanstein ließ er ab 1869 auf den Ruinen von Vorder- und Hinterhohenschwangau im Stil einer mittelalterlichen Burg errichten. Von hier ist es nicht weit zur prächtigen Wieskirche, die seit Jahrhunderten ein beliebter Wallfahrtsort ist.

Von den Vorbergen der Ammergauer Berge umgeben ist das traditionsreiche Oberammergau, berühmt für seine „Herrgottsschnitzer" und die Passionsspiele. Zwischen Oberammergau und dem nahen Ettal befindet sich das romantische Ettaler Weidmoos, ein Naturschutzgebiet, in dem die Ammer entspringt. Ganz im Schatten des berühmten Benediktinerklosters Ettal und seiner fast 700-jährigen Geschichte liegt

das gleichnamige Dorf. Nur wenige Kilometer sind es von hier nach Garmisch-Partenkirchen, dem betriebsamen Zentrum des Werdenfelser Landes am Fuß der Zugspitze. Weiter führt die Alpenstraße zum Luftkurort Kochel mit dem gleichnamigen See. Anschließend geht es zum Kurort Bad Tölz mit seinen aufwendig renovierten Bürger- und Geschäftshäusern und dem Kalvarienberg.

Nächste Station ist Lenggries mit seinem Hausberg Brauneck, zugleich

Münchens nächstgelegenes Wintersportgebiet. Weiter fährt man an den Schliersee und nach Oberaudorf im Inntal. Von hier ist es nicht mehr weit in den Chiemgau und zu den Chiemgauer Alpen: Eintrittspforte ist Aschau mit seinem mächtigen Schloss. Weitere Stationen sind die traditionsreichen Ferienorte Reit im Winkl und Ruhpolding. In der Salzstadt Berchtesgaden endet die Deutsche Alpenstraße mit dem Blick auf die sagenumwobene Watzmannfamilie.

Am Gipfelkreuz der Hochries, die als Hausberg der Rosenheimer gilt, bieten sich überwältigende Ausblicke über das Inntal bis zu den Zentralalpen.

genannt wird. Dazu passt, dass traditionell jedes Jahr am letzten Augustsonntag auf der Steinlingalm ein Gedenkgottesdienst für die Toten der beiden Weltkriege stattfindet. Eine weitere Gedenkstätte ist die kleine Kapelle unterhalb des Gipfelkreuzes bei der Steinlingalm, die 1976 zu Ehren der „Maria, Königin des Friedens" geweiht wurde.

Hochries – „Logenplatz" der Chiemgauer Berge

Gleitschirm- und Drachenflieger lieben die Hochries, den 1569 m hohen Gipfel am Nordrand der Chiemgauer Alpen. Vor allem am Nachmittag kann man dabei zusehen, wie die bunten Schirme und Drachen unweit des Gipfels in die Luft aufsteigen. Die Hochries kann man entweder zu Fuß erklimmen oder bequem mit der Hochriesbahn – die eigentlich aus zwei Bahnen besteht. Die Sesselbahn startet in Grainbach und fährt zur Mittelstation Eben-

Günstige thermische Bedingungen machen die Hochries zu einem Paradies für Gleitschirmflieger.

wald. Dort heißt es in die Kabinenbahn zur Bergstation in 1542 m Höhe umsteigen. Während der Fahrt kann man das großartige Panorama genießen: Der Blick reicht bis zum Wendelstein, über das Samerberger Hochtal ins Inntal mit dem Rosenheimer Becken sowie zum Simssee und Chiemsee. Vom Gipfel aus

blickt man dann auf die Hohen Tauern, den Watzmann, das Kaisergebirge sowie im Norden bis nach München und zum Bayerischen Wald.

Dass Jung und Alt gleichermaßen in diesen Genuss kommen, musste hart erkämpft werden. Zwar gab es bereits 1934 erste Pläne für eine Bahn auf die Hochries, den Hausberg der Rosenheimer. Doch die Reaktion des Bayerischen Staatsministeriums war ablehnend. 1953 wurden die Pläne wieder aufgegriffen, doch erst 1968 wurde mit dem Bau einer Seilbahn begonnen. Investor war eine Beteiligungsgesellschaft, zu der auch zahlreiche Samerberger Bürger gehörten. 1969 war der erste Bauabschnitt fertig, 1973 startete die Kabinenbahn. Doch die Kosten für das Projekt waren aus dem Ruder gelaufen; das Unternehmen musste Insolvenz anmelden, viele Kleininvestoren verloren ihr Geld. 1980 wurde die Bahn zwangsversteigert und ging in Privatbesitz über, konnte aber nicht wirtschaftlich betrieben werden. 2008 stand das Unternehmen erneut vor dem Aus, bis die Gemeinde Samerberg und die Sektion Rosenheim des Deutschen Alpenvereins die Hochriesbahn übernahmen. Ihr Ziel ist es, das vielfältige Natur- und Wanderparadies Hochries mitsamt der Bergbahn zu erhalten.

Geigelstein – der „Blumenberg" des Chiemgau

Besonders schön ist der Geigelstein, der mit 1808 m zweithöchste Berg der Chiemgauer Alpen, im Frühjahr, wenn wahre Teppiche an Bergblumen seine Hänge überziehen – da geraten nicht nur Botaniker ins Schwärmen! Rund um den Berg wachsen zahlreiche, zum Teil seltene Pflanzen, die man beispielsweise im Gebiet der Kampenwand vergeblich sucht. Je nach Jahreszeit, Lage und Mikroklima kommen sogar Raritäten vor, darunter das Rote Waldvögelein, eine lilafarbene Orchideenart, der Frauenschuh, eine der prächtigsten einheimischen Orchideen, die kräftig rosafarbene Alpenrose, der blau leuchtende Schlauch-Enzian und sogar das Edelweiß – um nur einige der mehr als 700 Farn- und Blütenpflanzenarten zu nennen, von denen 111 geschützt sind.

Wenn man diese wunderbare Pflanzenvielfalt erleben möchte, muss man keinen steilen Anstieg bewältigen. Man setzt sich einfach in Ettenhausen in den Doppelsessellift, übrigens den längsten Deutschlands, und fährt in rund 25 Minuten durch lichten Bergmischwald bergauf, wobei man den Breitenstein, den Nachbarn des Geigelstein, vor Augen hat. Oben angekommen, kann man sich gemütlich auf der Sonnenterrasse der Wuhrstein-Alm niederlassen, von der aus sich eine schöne Aussicht auf die Chiemgauer und Berchtesgadener Berge bis zum Watzmann bietet.

Feuchte Wiesen und Moore sind der bevorzugte Standort des blauen Schlauch-Enzians, einer seltenen und streng geschützten Art, die zwischen Ende Mai und Mitte Juni blüht.

Das Gebiet rund um den Geigelstein mit seinen Almwiesen, auf denen eine Vielzahl verschiedener Pflanzenarten wächst, wurde 1991 zum Naturschutzgebiet erklärt. Deshalb gilt hier strenges Wegegebot.

Der Siegsdorfer Künstler Walter Angerer hat auf dem Rauschberg den Traunsteiner Sportkletterer Alexander Huber in der Skulptur *Der Himmelskletterer* verewigt.

Um die Naturschönheit des Geigelsteingebiets zu bewahren und viele vom Aussterben bedrohte Pflanzen und Tiere zu schützen, wurde 1975 eine Bürgerinitiative gegründet. Ihr Ziel war es, den Ausbau des Geigelstein als Ski- und Wandergebiet zu verhindern und das Gebiet unter Naturschutz zu stellen. Nach langem Kampf war es 1991 endlich so weit: An die 3000 ha rund um den Geigelstein sind ausgewiesenes Naturschutzgebiet. Damit wurde die typische Almwirtschaft gestärkt und die Pflanzen- und Tierwelt, insbesondere das Raufußhuhn, unter besonderen Schutz gestellt. In der roten Zone etwa gilt ein striktes Wegegebot. Erste Erfolge sind bereits sichtbar: Im Geigelsteingebiet hat sich ein Steinadlerpaar angesiedelt, auch Murmeltiere kann man mit etwas Glück beobachten.

Hochfelln – von Eiszeitgletschern geformt

In 1674 m Höhe thront der Hochfelln über dem noch recht dörflichen Ort Bergen. Seit 1971 bringt die Seilbahn Einheimische wie Gäste auf den Berg; sie fährt zunächst bis zur Mittelstation und danach weiter zur Bergstation.

Alternativ kommt man in rund vier Stunden zu Fuß auf den Gipfel. Oben informiert eine Tafel über die Vielzahl der Berge, auf die man in allen vier Himmelsrichtungen sieht: im Süden die Venedigergruppe, allen voran der namengebende Großvenediger, die Zillertaler Alpen, der Wilde und der Zahme Kaiser im Südwesten, danach Wetterstein und Karwendel. Weiter westlich hat man die Nachbargipfel Hochgern, Geigelstein sowie den Wendelstein, die Hochries und die Kampenwand im Blick. Daran schließen sich das Rosenheimer Becken mit Bernau, Prien und der Chiemsee mit seinen drei Inseln an, nördlich davon das Bergener Moos und der Tütensee, der aus einem Toteiskessel hervorgegangen ist. Blickt man weiter Richtung Osten, kom-

Seit 1988 ziert dieses Kreuz den Gipfel des Vorderen Rauschbergs – die Vorgängerkreuze von 1907, 1934 und 1946 mussten aufgrund der extremen Witterungseinflüsse und schwerer Stürme ersetzt werden.

men der Teisenberg, der Hochstaufen und schließlich der Untersberg in den Berchtesgadener Alpen ins Visier. Auch Reiter Alpe und Watzmannmassiv lassen sich ausmachen, weiter südlich die Leoganger und Loferer Steinberge sowie die Glocknergruppe.

Kaum jemand, der das grandiose Gipfelpanorama auf dem Hochfelln genießt, weiß, dass der Berg eine rund 250 Mio. Jahre lange Entstehungsgeschichte durchlebt hat. Im Lauf dieser Zeit entstanden durch Auffaltung der Ablagerungen einstiger Urmeere die Alpen und mit ihnen der Hochfelln. Sein heutiges Gesicht verdankt der beliebte Aussichtsberg den Gletschern, die ihn während der Eiszeiten geformt haben. Wer sich genauer für die Geologie und Flora des Hochfelln interessiert, wird auf dem rund 2 km langen, gut ausgebauten Gipfelrundweg mit Vergnügen die informativen 22 Tafeln studieren, die die Entstehung des Berges und seine Vegetation leicht verständlich erläutern.

Rauschberg – Kunst auf dem Gipfel

Wie der Blitz geht es in wenigen Minuten steil bergauf, zur Bergstation des Rauschbergs in 1650 m Höhe. Seinen Namen verdankt der Ruhpoldinger Hausberg übrigens nicht übermäßigem Alkoholkonsum oder einer üppigen Almrauschblüte. Der Name geht vielmehr darauf zurück, dass der Rauschberg im 16. und 17. Jh. ein „Schürfberg" war, an dem Zink- und Bleierz abgebaut wurde. Die besonders schweren Gesteinsteile, die beim Waschen zuerst zu Boden sanken, bezeichnete man als „Rauschen".

Heute ist davon nichts mehr zu sehen, dafür hat der Gipfelbereich des Rauschbergs einige andere Attraktionen zu bieten: einen Geologie-Lehrpfad, eine Kunstmeile mit Skulpturen und Gemälden, ein gemütliches Gasthaus und einen Spielplatz sowie eine überdachte Kletterwand für den Nachwuchs. Auch zwei Gipfelkreuze hat man angebracht, eines auf dem vorderen Rauschberggipfel in 1645 m Höhe, das zweite auf dem nur unwesentlich höheren hinteren Rauschberggipfel in 1671 m Höhe. Den ersten Gipfel erreicht man nach einem kurzen bequemen Almanstieg, während man für den hinteren Rauschberggipfel eine längere Runde geht, für die man trittsicher sein muss.

Einzigartig sind die Kunstwerke im Gipfelbereich. Mehrere Skulpturen von Walter Andreas Angerer sorgen für eine besondere Atmosphäre inmitten der Chiemgauer Berge. Besonders eindrucksvoll sind die Skulpturen *Der Himmelskletterer,* mit dem der bekannte Extremkletterer Alexander Huber 2011 in Stahl verewigt wurde, sowie *Adams Hand,* eine 6 m hohe stilisierte

Kleinod Winklmoosalm

Wer sie nur als Heimat von Rosi Mittermaier kennt, tut der Winklmoosalm bei Reit im Winkl Unrecht: Das weitläufige Almgebiet auf 1200 m Höhe besticht durch seine traumhafte Landschaft und den großartigen Panoramablick auf die Loferer Steinberge. Im Winter ist das schneereiche Hochplateau zwischen Dürrnbachhorn und Kammerköhrplatte ein beliebtes Skigebiet, von Frühjahr bis Herbst lässt sich wunderbar über sonnige Almwiesen und durch schattige Bergwälder wandern. In der Kapelle Mariä Himmelfahrt (Bild) ganz in der Nähe der Alm findet alljährlich am 15. August eine Kräuterweihe statt.

Hand, die nach Rom zeigt. Nicht zu übersehen sind auch die Papstsäule zu Ehren Benedikts XVI. sowie der farbig gestaltete Zauberbaum. Auf der Terrasse des Rauschberghauses kann man weitere Werke des vielseitigen Künstlers bewundern: Porträts der Bergsteigerlegende Reinhold Messner und der „Huber Buam", der Kletterbrüder Alexander und Thomas Huber.

Reit im Winkl – früher königlicher Zuspruch

Reit im Winkl ist ein beliebter Wintersportort, gelten der Ort und seine Umgebung doch als „Schneeloch", wie die Einheimischen sagen. Seine touristischen Anfänge erlebte der damals noch beschauliche Ort jedoch nicht im Winter, sondern als „Sommerfrische". So fanden einige norddeutsche Adelige bereits im 18. Jh. den Weg in das abgeschiedene Dorf. Dass aus dem Geheimtipp ein gut besuchtes Reiseziel wurde, ist dem jungen König Maximilian II. von Bayern zu verdanken, der auf seiner fünfwöchigen Alpenreise im Sommer 1858 samt Gefolge und den Dichtern Franz von Kobell und Friedrich Bodenstedt in Reit im Winkl Station machte. Wie angetan der junge Monarch von diesem Aufenthalt war, schrieb Franz von Kobell in seinem Reisebericht: „Bis spät in die Nacht hinein unterhielten uns die liederkundigen Bewohner mit Gesang und Saitenspiel. Es wurde dem König schwer, von Reit im Winkl zu scheiden, wo es Sr. Majestät außerordentlich behagte."

In den folgenden Jahren kamen auch andere prominente Gäste nach Reit im Winkl, darunter der Schriftsteller Viktor von Scheffel, der sich ebenfalls lobend über das Dorf in den Bergen äußerte. Als dann noch der bekannte Thüringer Alpenforscher und Reiseschriftsteller Eduard Amthor in der ersten alpinen Zeitschrift, dem *Alpenfreund*, Reit im Winkl als attraktives Ziel für Sommerfrischler empfahl, wurde der kleine Ort auf einen Schlag be-

Im nur nach Westen offenen Tal des Höhenluftkurorts Reit im Winkl fällt der Schnee im Winter öfter und dichter als woanders; die Region gilt als eine der schneesichersten in den Bayerischen Bergen.

kannt. Da passte es gut, dass Reit im Winkl dank der 1876 eingeführten Cariolpostlinie von Übersee am Chiemsee auch leichter erreichbar war – allerdings war die Fahrt mit der Pferdekutsche alles andere als komfortabel.

Etwa zur gleichen Zeit wurde der in Skandinavien verbreitete Skisport auch in Deutschland populär. Die ersten Skifahrer trugen Pelzschuhe aus Hundehaut und Kniebundhosen aus Loden oder Cord. Als der junge Österreicher Mathias Zdarsky um 1890 auf die Idee kam, die Ski zu kürzen und eine Stahlsohlenbindung zu entwickeln, konnte den Skisport in den Bergen nichts mehr aufhalten – auch wenn die ersten Skifahrer in den Alpen von den Einheimischen nicht gerade begeistert begrüßt wurden, denn sie hielten nicht viel von den „Narrenholzgleitern".

Doch in Reit im Winkl erkannte man schon früh, welches Potenzial der Wintersport barg, und gründete 1896 den Verschönerungsverein, um das zarte Pflänzchen Tourismus zu pflegen. 1904 folgten erste Erlasse zur Verschönerung des Ortsbildes. Ein zentrales Anliegen war der Bau einer Eisenbahnlinie von Ruhpolding nach Reit im Winkl, was 1923 mit der Eröffnung der Waldbahn gelang. Und bereits um 1930 herrschte auf der Winklmoosalm bei Reit im Winkl reger Skibetrieb: Man hielt Kurse ab, und viele prominente Persönlichkeiten machten hier Urlaub. Der Aufstieg des abgeschiedenen Bergdorfs zum berühmten Wintersportort war nicht mehr aufzuhalten.

Schon von Weitem ist die Pfarrkirche St. Georg bei Ruhpolding (oben links) sichtbar, weshalb sie auch als Wahrzeichen des Miesenbacher Tals gilt.

Die Rokoko-Innenausstattung von St. Georg (oben) bietet viele kunstvolle Details. Der monumentale Hochaltar ist besonders reich verziert – teilweise mit Gold.

Ruhpolding – Leben in den Bergen vor 100 Jahren

Auch ins nahe gelegene Ruhpolding kommen seit mehr als 100 Jahren Feriengäste. Wie in Reit im Winkl sorgte zunächst adeliger Besuch für Aufsehen: 1835 besuchte der Kronprinz von Bayern, Maximilian, den Ort. Zehn Jahre später fuhr einmal in der Woche ein Stellwagen von Ruhpolding nach Traunstein. Nach und nach brach im beschaulichen Ruhpolding die Moderne an: 1864 erhielt der Ort eine eigene Post, und ab 1865 verkehrte täglich ein

Die ganzjährig geöffnete Bründling-alm auf 1160 m Höhe ist eine der ältesten Almen im Hochfellngebiet und sommers wie winters ein beliebtes Ausflugsziel für Wanderer.

Wer ist die Schönste im ganzen Land? Das fragt sich so mancher Zuschauer beim Almabtrieb, wenn die Kühe prächtig geschmückt ins Tal getrieben werden, wie hier in Sachrang.

Omnibus zwischen Ruhpolding und Traunstein. Eine Folge war, dass am 1. Januar 1881 die drei selbstständigen Gemeinden Ruhpolding, Zell und Vachenau zu einer vereinigt wurden. Die Namensfindung war schwierig, da keine Gemeinde ihren Namen aufgeben wollte. Am Ende einigte man sich auf Ruhpolding; schließlich befanden sich hier die Pfarrkirche und der Friedhof, das 1821 entstandene erste Schulhaus und die Posthalterei, jetzt *Hotel Zur Post.* Als am 9. Mai 1895 die Eisenbahnlinie nach Traunstein eröffnet wurde, hatte Ruhpoldings Geburtsstunde als beliebter Ort der Sommerfrische geschlagen.

Hotels und Pensionen gab es zu dieser Zeit noch kaum, dafür aber freundliche Privatvermieter. Doch dann kam der geschäftstüchtige Carl Degener, Betreiber eines Reisebüros, mit der Idee, Ruhpolding zum ersten Pauschalreiseziel in Deutschland zu machen. Pfingsten 1933 fuhren die ersten Sonderzüge aus Berlin und Leipzig in den Chiemgau. Schon ein Jahr später wurde in Ruhpolding das Kurhaus eröffnet. Die Übernachtungszahlen stiegen rasch, 1936 waren es schon über 200 000 Gäste. Auch die Nationalsozialisten schickten Urlauber mit ihrer Organisation „Kraft durch Freude" ins schöne Ruhpolding – diesem Besucherstrom machte dann jedoch der Krieg erst einmal ein Ende.

Nach dem Zweiten Weltkrieg erfolgte schließlich der ganz große touristische Boom. Die Menschen wollten den zerstörten Städten entkommen und sehnten sich nach intakten Bauerndörfern, blühenden Wiesen und imposanten Bergen. Das alles fanden sie in Ruhpolding. Und schon 1949 rollten sie wieder regelmäßig – die

Touristensonderzüge, diesmal aus dem Norden und dem Ruhrgebiet. Von da an nahm die Entwicklung endgültig ihren Lauf: Als 1953 die Seilbahn auf den Rauschberg gebaut wurde, boomte auch der Wintersport. Um 1955 hatte der Ort annähernd 600 000 Übernachtungsgäste, Tendenz steigend. Doch zum Glück hat Ruhpolding diesen kometenhaften Aufstieg zum Ziel des Massentoruismus bis heute erstaunlich gut überstanden – es ist gemütlich und bodenständig geblieben.

Almwirtschaft gestern und heute

Seit Jahrhunderten nutzen die Bauern in Ruhpolding wie in vielen anderen Orten in den Chiemgauer Bergen ihre Almwiesen als Sommerweide. Kühe und Kälber, seltener Schafe und Pferde verbringen meist die Zeit von Anfang Juni bis Ende September auf der Alm. Senner und Sennerinnen versorgen die Tiere, melken sie, stellen Käse her und treiben das Vieh im Herbst ins Tal. Die ersten bewirtschafteten Almen entstanden Ende des 19. Jh., als es noch keine Bergbahnen und wenige befestigte Wanderwege gab. Zunächst richtete der Alpenverein Schutzhütten, reine Selbstversorgerhütten, als Übernachtungsplätze für Bergsteiger ein. Doch nach und nach erkannte so mancher Bauer und Senner, dass der Verkauf von Getränken und kleinen Mahlzeiten ein willkommenes Zubrot sein konnte. Zwischen 1900 und 1970 wurden die Almgebiete in den Chiemgauer Alpen noch recht intensiv genutzt, sowohl für die Landwirtschaft als auch zunehmend für den Tourismus. Doch Ende der 1970er-Jahre schreckten die schwere Arbeit und der harte Alltag auf den Almen viele ab, auch konnten die wirtschaftlichen Erträge nicht mehr mit denen im Tal mithalten.

Mittlerweile hat jedoch ein Umdenken stattgefunden. Die Bedeutung der Almwirtschaft und das Ansehen der Arbeit auf der Alm sind gestiegen – und erste Erfolge sind sichtbar: Seit 40 Jahren wurde in ganz Oberbayern keine einzige Alm mehr aufgegeben. Heute ergänzen sich Landwirtschaft und Tourismus vielerorts ausgezeichnet. Zum beiderseitigen Nutzen: Wanderer, Radfahrer und Bergsteiger freuen sich über urige Almhütten mit gemütlichen Gaststuben und sonnigen Aussichtsterrassen, auf denen regionale Schmankerl serviert werden. Und für Senn und Sennerin ist der Besuch aus dem Tal eine willkommene Abwechslung im oft einsamen Almalltag und eine Einnahmequelle. Gut beobachten lässt sich dies auch in Ruhpolding, wo es derzeit beachtliche 41 Almen gibt. Einige Bauern betreiben sowohl einen Hof im Tal als auch eine Alm auf dem Berg, etwa der Dandl-Hof, der Langenbauer Hof und der Sterhof mit der Thoraualm.

Holzknechtmuseum in Ruhpolding

Neben Land- und Almwirtschaft waren auch Holzgewinnung und Holzverarbeitung lange Zeit ein bedeutender Wirtschaftszweig für die Region um Ruhpolding. Vom frühen 17. Jh. bis Anfang des 20. Jh. arbeiteten hier die „Holzknechte". Zunächst um die kurfürstlich-königlichen Salinen in Traunstein zu befeuern, später im Wald, wo Bäume gerodet und das Holz verarbeitet und weitertransportiert werden musste. Der harte und karge Alltag und die oft gefährliche Arbeit stehen im Mittelpunkt der weitläufigen Ausstellung im Holzknechtmuseum in Ruhpolding.

Nur 300 Menschen leben ganzjährig auf der Insel Frauenchiemsee und im Benediktinerinnen-Kloster Frauenwörth, das zugleich Wallfahrtsort für die Schutzpatronin des Chiemgaus ist, die selige Irmengard.

Während der Sommermonate geht es nur unter der Woche auf der Fraueninsel und in den Restaurants so ruhig und beschaulich zu.

Chiemsee, Fraueninsel und Herrenchiemsee

Das „Bayerische Meer" wird der Chiemsee gern genannt, ist er doch mit rund 80 km² einer der größten deutschen Seen. Dabei war er ursprünglich noch viel größer: Als der See nach der letzten Eiszeit durch das Schmelzen der Gletscher entstand, reichte er bis an die Berge heran. Heute erstrecken sich hier Moore, die einst ebenso vom Chiemsee bedeckt waren wie die heutigen drei Inseln: Herreninsel, Fraueninsel und Krautinsel.

Fast zu schön, um wahr zu sein – so wirkt die Fraueninsel bei der Anfahrt mit dem Schiff: der weithin sichtbare Kirchturm mit Zwiebelhaube, hinter alten Bäumen versteckt das Klostergebäude, dahinter die Berge. Da erstaunt es nicht, dass das 12 ha große Eiland im 19. Jh. zahlreiche Maler anzog. Einer der ersten, der 1828 den Weg nach „Frauenwörth", wie man damals sagte, fand, war der Landschaftsmaler Max Haushofer. Bei seiner Rückkehr nach München schwärmte er von der noch unberührten Insel, und ein Jahr später brach eine Gruppe von Malern dorthin auf – die Kolonie Frauenchiemsee war geboren. Inspiriert von den einzigartigen Lichtstimmungen widmeten sich die Maler vor allem der Freilichtmalerei und nannten sich „Pleinairisten". Eine zweite Blütezeit erlebte die Kolonie von den 1870er-Jahren an durch Karl Raupp und Joseph Wopfner.

Bis heute ist die stimmungsvolle Fraueninsel ein Sehnsuchtsort geblieben, auch wenn mehr Ausflügler als Künstler hierher kommen. Ihr südlicher Teil wird vom altehrwürdigen Kloster Frauenwörth, bis heute eine Benediktinerinnenabtei, bestimmt, während der nördliche Teil seinen Charakter als Fischerdorf bewahrt hat. Auf der Insel wandert man auf geschichtsträchtigem Boden. Erstmals urkundlich erwähnt wurde die Errichtung eines Klosters mit Kirche im Jahr 782; Stifter war Erzherzog Tassilo III. aus dem Geschlecht der Agilolfinger. Nach dem Sturz dieses Geschlechts 788 gingen Kloster und Kirche an König Ludwig den Deutschen, der die Leitung seiner Tochter Irmengard übertrug. Bis zu ihrem Tod 866 stand sie dem Kloster vor, danach wurde sie seliggesprochen, heute ist sie Patronin nicht nur des Klosters, sondern des ganzen Chiemgaus. Aus ihrer Regierungszeit stammt die dem Kloster vorgelagerte karolingische Torhalle. Die Kirche mit ihren kostbaren romanischen Fresken von 1130 und ihrem achteckigen Kirchturm wurde im späten 11. Jh. erbaut, 1573 erhielt der Turm seine Zwiebelhaube. 1803 wurde das Kloster im Zuge der Säkularisierung aufgehoben, 1836 von König Ludwig I. mit der Auflage wieder errichtet, dass sich die Benediktinerinnen der Mädchenerziehung widmeten. Die Schule bestand bis 1995, heute bietet das Kloster Einkehr- und Besinnungstage an.

„Tempel des Ruhmes" zu Ehren Ludwigs XIV.

1873 erwarb König Ludwig II. die Herreninsel im Chiemsee, um dort für den von ihm sehr verehrten französischen König Ludwig XIV. einen Gedenkbau errichten zu lassen. Ein prächtiges Rokokoschloss sollte es werden, sein Vorbild war Versailles. Nach umfangreichen Planungen der drei Architekten Georg von Dollmann, Franz Paul Stulberger und Julius Hofmann wurde 1878 der Grundstein gelegt, 1881 stand der Rohbau des dreigeschossigen Baukörpers in Hufeisenform. Die Innenausstattung wurde im französischen Rokokostil ausgeführt. Doch bereits 1885 musste das kostspielige Bauvorhaben abgebrochen werden. Nach dem Tod König Ludwigs II. ein Jahr später wurde der Bau nicht mehr fortgeführt, einige Teile wurden sogar wieder entfernt. So ist das „Bayerische Versailles" bis heute ein Torso geblieben – die teilweise unverputzten Ziegelbauten aus Naturstein bilden einen frappierenden Gegensatz zum Luxus der fertiggestellten Festsäle und Wohnräume.

Ein Prachtstück des Schlossgartens von Herrenchiemsee ist der fünfstöckige Latonabrunnen mit seinen 72 Figuren – ein Werk des Bildhauers Johann Nepomuk Hautmann, der sich dabei an Versailles orientierte.

Der Schlossrundgang beginnt im Vestibül mit der bunt bemalten Pfauenfigur und führt über die Prunktreppe und zwei Vorzimmer in die Paradezimmer. Das zweite Vorzimmer ist dem französischen Sonnenkönig gewidmet, wovon eine große Bronzestatue des Königs als Reiter zeugt. Herzstück des Schlosses ist das Paradeschlafzimmer, das von Ludwig II. jedoch nie genutzt wurde. Er wohnte im Nordflügel des Schlosses.

Prächtigster Saal von Herrenchiemsee ist die Große Spiegelgalerie, die mit ihren 98 m sogar länger als das Original in Versailles ist. 1848 Kerzen illuminieren den im bayerischen Barock verzierten Festsaal mit Nachbildungen antiker Skulpturen und kostbaren Gemälden. Auch die Gestaltung des Schlossparks durch Hofbaudirektor Carl von Effner sollte sich eng am Versailler Vorbild anlehnen, doch schon bald wurde klar, dass aus Kostengründen lediglich eine bescheidenere Version realisiert werden konnte.

Berchtesgadener Alpen – sagenhafte Bergwelt

Die Berchtesgadener Alpen werden von neun schroffen Gebirgsstöcken gebildet. Der bekannteste ist der Watzmann, um den sich Untersberg, Steinernes Meer, Reiter Alpe und Lattengebirge gruppieren.

Zu einem der „schönsten Geotope" Bayerns wurde die 15 m hohe „Steinerne Agnes" am Dreisesselberg im Lattengebirge gekürt, die ihre bizarre, fantasieanregende Säulenform wohl eher jahrtausendelanger Verwitterung als außerirdischen Mächten verdankt.

Über so manchen Berchtesgadener Gipfel erzählt man sich eine oder gleich mehrere Sagen oder Legenden, allen voran natürlich um den Watzmann, den beeindruckendsten, gefährlichsten und geheimnisvollsten Berg der Region. Seine Entstehung geht – so erzählt man sich – auf einen gleichnamigen wilden und rauen König zurück, der einst hier gelebt haben soll. Wegen seiner Grausamkeit war er bei seinen Untertanen gefürchtet; man sagt, er habe Blut statt Muttermilch getrunken. Seine einzige Leidenschaft galt der Jagd, wobei ihn sein nicht weniger wildes Weib und seine Kinder begleiteten, außerdem ein Rudel scharfer Hunde. Eines Tage jagte der König und kam zu einer Weide, auf der ein kleines Hirtenhäuslein stand. Davor saß eine Hirtin mit ihrem jüngsten Kind und dem Hirtenhund. Dieser bemerkte die Herankommenden und bellte, worauf die wilden Hunde des Königs zuerst den Hund, dann das kleine Kind und schließlich die Frau anfielen und schwer verletzten. Als der Hirte seiner Familie zu Hilfe kommen wollte, fielen die Hunde auch über ihn her und bissen am Ende alle tot. Da erhoben sich – so berichtet die Sage – mit einem Mal ein lautes Donnern und wildes Heulen über den Bergen. Es war der Geist der Rache, der den grausamen König samt

Frau und sieben Kindern für alle Zeiten versteinerte – zum Watzmannmassiv, das bis heute auch die „Watzmannfamilie" heißt.

Nicht minder spektakulär ist die Geschichte der Hexe, die im Lattengebirge am Hallthurmpass zwischen Bad Reichenhall und Berchtesgaden gelebt haben soll. Ob sie eine gute Kräuterhexe gewesen ist und viele Menschen geheilt oder ob sie Wanderern mit Gift vermischte Getränke gegeben und große Felsbrocken von den Gipfeln auf gottgläubige Reisende geworfen hat – darüber ist sich die Überlieferung nicht einig. Über ihr Zusammentreffen mit dem heiligen Martin scheint dagegen mehr Klarheit zu herrschen – sie soll versucht haben, ihn zu töten. Doch der Heilige hielt ihr – so will es die Sage – sein Kreuz entgegen und überlebte. Daraufhin wurde die Hexe in die Luft geschleudert und fiel zu Stein geworden dort nieder, wo sie bis heute liegt.

Vom Gipfel der 1188 m hohen Kneifelspitze, einem Vorberg des Untersbergmassivs, blickt man über das Berchtesgadener Tal bis zum Watzmann.

Grausame Sagen ranken sich um die Berchtesgadener Berge, angeregt von bizarren Felsgebilden und Bergformen.

Die Steinerne Agnes – dem Teufel entronnen

Ganz in der Nähe, hoch über Hallthurm, befindet sich eine weitere, ebenso bizarre Gesteinsformation, die ambitionierten Kletterern ein attraktives Ziel bietet – die „Steinerne Agnes". Man erzählt sich, dass hier einst die unschuldige Sennerin Agnes vom Teufel verfolgt wurde und in ihrer Verzweiflung die Mutter Gottes um Beistand anflehte. Dieser wurde ihr gewährt, und so öffnete sich ein Spalt im Fels, durch den sie fliehen konnte. Doch der Teufel war schon sehr nah: Er sprang ihr durch das Teufelsloch hinterher, konnte sie aber nicht mehr erreichen. Agnes' Körper wurde in Stein verwandelt, ihre Seele fuhr in den Himmel auf.

Die Rossfeld-Panoramastraße

Die Fahrt auf der Rossfeld-Panoramastraße, Deutschlands höchst gelegener Panoramastraße, die quer durch die hochalpine Bergwelt des Berchtesgadener Landes führt, ist ein unvergessliches Erlebnis – egal ob mit Auto, Rennrad oder Bus. Die 15,4 km lange Passstraße wurde 1937–40 als östliches Ende der Deutschen Alpenstraße erbaut. Ursprünglich sollte die Deutsche Alpenstraße nur bis zum Königssee führen, doch nach mehreren Alternativvorschlägen setzte sich die Rossfeld-Panoramastraße als Abschluss für diese deutsche Ferienstraße durch. Sie kann von Berchtesgaden über Unterau bzw. Oberau oder über den Obersalzberg erreicht werden und führt auf 1570 m Höhe, wobei die höchste Steigung 13 % beträgt. 14 Brücken – die längste ist 135 m lang, die höchste 20 m hoch – mussten für diese einzigartige Straße gebaut werden, dazu kamen 1,6 km Stützmauern. Zudem waren umfangreiche Maßnahmen zur Entwässerung nötig. Mit Beginn des Zweiten Weltkriegs mussten die Bauarbeiten eingestellt werden, doch sie waren bereits so weit fortgeschritten, dass die Auffahrt auf der nördlichen Seite bis zur Rossfeld-Skihütte und auf der südlichen Seite bis zur Ofneralm und von dort auf der im Rohbau fertigen Straße bis zu den Ahornkasern möglich war. Damit waren rund 15 km der neuen Panoramastraße befahrbar, lediglich die 800 m lange Scheitelstrecke über den Hahnenkamm bis zu den Ahornalmen war noch Baulücke. 1953 wurden die Bauarbeiten zu Ende geführt, ab 1955 war die Rossfeld-Panoramastraße durchgehend befahrbar.

Für das Befahren der Straße muss eine Maut entrichtet werden, da sie als Privatstraße eingestuft ist. Aus den Mauteinnahmen werden Unterhalt, Ausbau und Verwaltungskosten bestritten. Auf der Scheitelstrecke, die die Süd- und die Nordauffahrt verbindet, wurden zahlreiche Parkplätze angelegt, auf denen man den fantastischen Rundblick genießen kann: über das Bergmassiv des Hohen Göll, den Kehlstein, das Tennen- und Dachsteingebirge und den Untersberg bis ins Berchtesgadener und Salzburger Land.

Bis auf 1600 m Höhe verläuft die Rossfeld-Panoramastraße an ihrem Scheitelpunkt und lässt die Gipfel der Zweitausender wie den Hohen Göll (2522 m) naheheranrücken.

Berchtesgaden – vom Chorherrenstift zum königlichen Sommerdomizil

Die Geschichte des Ortes Berchtesgaden begann mit der Gründung eines Klosters, genauer gesagt eines Augustiner-Chorherrenstifts im Jahr 1102. 1122 folgte bereits die Weihe der Stiftskirche. Das Chorherrenstift wuchs und gewann an Einfluss, nicht zuletzt durch die Unterstüt-

Deutschlands einzige erschlossene Eishöhle

Einheimische Hirtenjungen, die auf der Suche nach vermissten Ziegen waren, sollen 1824 den Eingang zur Schellenberger Eishöhle auf dem Untersberg in 1570 m Höhe entdeckt haben, in dem ihre Ziegen Unterschlupf gesucht hatten. Sie dürften nicht schlecht gestaunt haben, wagten sich aber wohl nicht weiter in die Höhle hinein. Tatsächlich dauerte es noch fast 100 Jahre, bis die Eishöhle erkundet und in Teilen öffentlich zugänglich gemacht wurde. Wie viel Eis genau sich in der Schellenberger Eishöhle befindet, weiß niemand; die Angaben schwanken zwischen 60 000 und 65 000 m³, das Alter des Eises könnte bis zu 3000 Jahre betragen. Bereits in der Eingangshalle ist das Eis 30 m stark – da heißt es für Besucher, sich warm anzuziehen. Darüber befindet sich ein Felsgang von bisher unbekannter Länge, der jedoch für Besucher gesperrt ist. Sein Boden ist mit Federn und Knochen von Bergdohlen übersät; Wissenschaftler vermuten, dass sich die Bergvögel seit Jahrhunderten dorthin zurückziehen, um zu sterben.

Der begehbare Teil der Schellenberger Eishöhle führt etwa 500 m tief in den Felsen hinein. Weil die Höhle nach unten abfällt, bleibt die kalte Winterluft das ganze Jahr über im Inneren gefangen. Seit Tausenden von Jahren gefriert hier das Regen- und Schmelzwasser zu dicken Eisblöcken, deren oft bizarre Formen zu solch fantasievollen Namen wie Eisorgel, Mörkdom oder Höhlenfee angeregt haben. Über mehrere Stege und Treppen steigt man immer weiter hinunter in die Höhle, bis man schließlich die sogenannte Fuggerhalle erreicht: 55 m unter dem Eingang gelegen, bildet sie den tiefsten Punkt der Höhle. Als einzige Beleuchtung dienen Karbidlampen, die von den Besuchern getragen werden. Ihr warmes Licht sorgt für beeindruckende Stimmungen und Einblicke in das geheimnisvolle Innere des Untersbergs.

Die größte Eishöhle Deutschlands hat sich durch Sickerwasser in einer alpinen Karsthöhle gebildet. Die unterirdische Welt der Schellenberger Eishöhle ist nur im Rahmen einer Führung zugänglich (Bilder links).

Berchtesgaden, einer der beliebtesten Fremdenverkehrsorte in Oberbayern, liegt in einem weiten Talkessel unmittelbar zu Füßen des imposanten Watzmannmassivs.

Die Geschichte Berchtesgadens ist ohne das Salz nicht denkbar – im Salzbergwerk wird die jahrhundertelange Bergbautradition noch heute lebendig.

zung mehre Päpste. 1156 erhielt Berchtesgaden von Friedrich Barbarossa das Forst- und Salzregal, also das Recht, Holz und Salz zu fördern und zu vertreiben – ein wichtiger Schritt auf dem Weg zur Selbstständigkeit. 1558 stieg der Berchtesgadener Propst zum Fürstpropst auf, und der Kirchenstaat wurde eigenständig. Die wirtschaftlichen Grundlagen sicherte das Salz; bereits im 12. Jh. wurde in der Region Salz abgebaut, 1517 das erste Sudhaus errichtet, wenig später ein zweites. Um auch im Winter ihr Auskommen zu haben, verarbeiteten die Bauern das in der Gegend reichlich vorhandene Holz, stellten daraus Hausgeräte und Spielzeug her und verkauften es.

Doch immer wieder kam es zu Spannungen mit dem benachbarten Erzbistum Salzburg, die sogar bis zu kriegerischen Auseinandersetzungen führten. Als Anfang des 18. Jh. Tausende von Protestanten das Land verließen, ging es wirtschaftlich bergab: Die Salinen und das Holzhandwerk lagen brach, dazu kam der oftmals aufwendige Lebensstil der Pröpste und Fürstpröpste, die sich zunehmend wie weltliche Herrscher gebärdeten. Bis zur Säkularisation 1803 regierten 47 Pröpste und Fürstpröpste den Kirchenstaat Berchtesgaden, danach wechselte die Staatszugehörigkeit mehrmals. Als Berchtesgaden 1810 schließlich zum Königreich Bayern kam, erwies sich das bald als ein Segen für die verarmte Region. Denn die bayerischen Könige erkoren das Land um den Watzmann rasch zu ihrem bevorzugten Sommerdomizil, in dem sie große Hofjagden abhielten. Ihnen folgten Künstler und Maler, Gelehrte und Wissenschaftler, Industrielle und Diplomaten, die sich hier prachtvolle Villen bauen ließen. Durch den Ausbau des Straßennetzes und den Eisenbahnanschluss wurde Berchtesgaden dann auch für den „Normalbürger" gut erreichbar.

Nationalpark Berchtesgaden – heile Alpennatur

Der Nationalpark Berchtesgaden kann auf eine lange Geschichte zurückblicken: Bereits Anfang des 20. Jh. beschloss man, dass die unversehrte Alpenlandschaft um Königssee und Watzmann besonderen Schutz erfahren sollte. Federführend war damals der Verein zum Schutze und zur Pflege der Alpenpflanzen, der zunächst plante, ein Schutzgebiet ähnlich dem 1872 gegründeten Nationalpark Yellowstone einzurichten. Geschützt vor jedweden menschlichen Eingriffen sollte sich die Natur frei entfalten können. Als 1910 jedoch eine Fläche von rund 8600 ha im südöstlichen Teil des heutigen Nationalparks als Pflanzenschonbezirk Berchtesgadener Alpen eingerichtet wurde, ging es vor allem darum, den damals florierenden Handel mit Alpenpflanzen zu beschränken. 1921 wurde das Naturschutzgebiet Königssee auf rund 20 400 ha erweitert, außerdem wurde die Tierwelt mit einbezogen. Als in den 1950er-Jahren der Plan aufkam, den Watzmann mit einer Seilbahn zu erschließen, wurde der Deutsche Naturschutzring mit der Forderung nach einem Nationalpark aktiv. Allerdings wurde diese Idee erst 1970 im Europäischen Naturschutzjahr wieder aufgegriffen und führte 1972 zum Beschluss des Bayerischen Landtags, im Naturschutzgebiet Königssee einen Bayerischen Alpenpark einzurichten. 1978 wurde der 210 km² große Nationalpark Berchtesgaden gegründet, wobei die ursprüngliche Vorstellung, der Natur freien Lauf zu lassen, wieder aufgegriffen wurde.

Sowohl landschaftlich als auch hinsichtlich seiner Flora und Fauna zeichnet sich der Nationalpark durch eine außergewöhnliche Vielfalt aus. Auf engstem Raum sind fast alle alpinen Vegetationszonen vertreten. Außerdem leben hier alle typischen Tierarten eines nordalpinen Gebirgsraumes,

Im Nationalpark Berchtesgaden gedeihen seltene und geschützte Pflanzen wie beispielsweise die Türkenbundlilie.

Sogar der andernorts ausgestorbene Steinbock hat in den Felsmassiven der Berchtesgadener Alpen wieder einen sicheren Lebensraum gefunden.

Weltberühmte Besuchermagnete mit zweifelhaftem Ruf: Kehlsteinhaus und Obersalzberg

Mit einer einzigen Kehre überwindet die 6,5 km lange Straße vom Obersalzberg auf den Kehlsteinparkplatz fast 800 Höhenmeter. Fünf Tunnel werden durchfahren, und noch heute staunt man darüber, dass die Straße in nur 13 Monaten Bauzeit aus dem harten Felsen des Kehlsteins gesprengt wurde. Seit 1952 ist sie für den Individualverkehr gesperrt und darf nur von Linienbussen befahren werden.

Oben führt ein 124 m langer, mit Naturstein ausgeschlagener Tunnel zu einem mit polierten Messingplatten und Spiegeln verzierten Aufzug. In nur 40 Sekunden fährt er 124 m aufwärts zum „Gipfel der Macht". Das Kehlsteinhaus war ein Geschenk der NSDAP zu Hitlers 50. Geburtstag 1939, ein Prestigeobjekt, das Besucher aus aller Welt beeindrucken sollte. Wie kaum ein anderes Bauwerk symbolisiert es den Größenwahn des „Führers". Ab dem Zeitpunkt, an dem der Obersalzberg in Reichweite alliierter Bomber lag, war Hitler der Aufenthalt im Kehlsteinhaus allerdings zu gefährlich. Tatsächlich war das Gebäude ein häufiges Angriffsziel, blieb jedoch unversehrt. Der große Kamin im Hauptraum aus echtem Carrara-Marmor war ein Geschenk Mussolinis.

Nach dem Ende des Zweiten Weltkriegs beschlagnahmten die Amerikaner das Kehlsteinhaus, 1949 ging es in den Besitz des Freistaats Bayern über. Seit 1952 ist es öffentlich zugänglich, seit 1960 wird es von der Tourismusregion Berchtesgaden-Königssee verwaltet und von privaten Pächtern als Berggaststätte geführt. Eine Fotoausstellung dokumentiert die nationalsozialistische Vergangenheit des Kehlsteinhauses, sodass sich Besucher ihr eigenes Urteil bilden können.

Überwältigend ist die Aussicht vom Kehlsteinhaus (großes Bild): Sie reicht von den Chiemgauer über die

Die ständige Ausstellung am Obersalzberg (oben) dokumentiert den Aufstieg des nationalsozialistischen Regimes.

Der Platterhofbunker (links) auf dem Obersalzberg wurde nie fertiggestellt.

Berchtesgadener Alpen mit dem Watzmann und dem Königssee und an klaren Tagen sogar bis nach Salzburg.

Dokumentation Obersalzberg

Hitler besuchte den Obersalzberg 1923 zum ersten Mal und war sofort begeistert von der gewaltigen Natur und dem traumhaften Panorama. Nach seiner Entlassung aus der Festungshaft 1925 kam er wiederholt hierher und mietete sich eine Holzhütte, in der er den zweiten Teil von *Mein Kampf* verfasste. 1933 erwarb Hitler das Bergbauernhaus „Wachenfeld" und baute es zu seiner pompösen Residenz, dem „Berghof", um. Er leitete damit einen regelrechten Bauboom der Nationalsozialisten auf dem Obersalzberg ein, der neben Berlin zum zweiten Regierungssitz ausgebaut werden sollte und als „Führersperrgebiet" hermetisch abgeriegelt wurde.

Seit 1999 informiert eine hervorragend konzipierte ständige Ausstellung des Instituts für Zeitgeschichte über die Geschichte des Obersalzbergs sowie die Entstehung und Erscheinungsformen der nationalsozialistischen Diktatur. Umstritten ist das 2005 eröffnete Luxushotel am Obersalzberg, das auf genau jenem Hügel erbaut wurde, auf dem Hermann Göring sein Landhaus hatte errichten lassen.

darunter der mächtige Steinadler, der mit sechs Brutpaaren im Nationalpark und seinem Vorfeld vertreten ist. Vor allem in den höheren Lagen fühlt sich die Gämse wohl, deren Kletterkünste man von Weitem beobachten kann. Auch 60 bis 80 Steinböcke sind mittlerweile in den Berchtesgadener Alpen heimisch. Weiter verbreitet ist das Murmeltier, das sich leicht an seinem typischen Pfeifen ausmachen lässt. Die größten Tiere im Nationalpark sind die Hirsche mit ihren gewaltigen Geweihen.

Das Steinerne Meer – eine Karstwüste

Die gewaltige Karsthochebene des Steinernen Meers ist eine in den Bayerischen Alpen einzigartige Landschaft. Mit 160 km² ist es der größte Gebirgsstock der Berchtesgadener Alpen, 55 km² liegen über 2000 m hoch. Es gehört teilweise zu Bayern, teilweise zu Salzburg. Im Norden grenzt das Steinerne Meer an den Königssee, im Nordwesten an den Hockalterstock und den Watzmann, nordöstlich an das Hagengebirge, südöstlich an den Hochkönig und südlich an das Saalfeldener Becken.

In dieser Landschaft, deren geologisches Alter auf 200 Mio. Jahre geschätzt wird, regiert der Fels. Aber nicht als senkrechte Wand, sondern in Form einer riesigen, zerfurchten Ebene voller zerklüfteter Felshügel, Schutt und verkarsteter Platten aus Dachsteinkalk. Kein einziger Baum, nur etwas Gras und ein paar Farne, ganz selten eine Blume. Auch Wasser ist hier rar. Doch an manchen Stellen wird das Grau durch große, versteinerte Korallen durchbrochen, Relikte der Vergangenheit dieses Gebirges als Urmeer. Überhaupt ist das Steinerne Meer eine wahre Fundgrube für Geologen: Zahlreiche Fossilien wurden hier entdeckt, zudem rund 800 Karsthöhlen.

Über das Steinerne Meer und bis an den Königssee führt die älteste Hochgebirgswallfahrt Europas, die traditionelle Almer Wallfahrt. Ihren

Rund 1800 m tief ist Fallhöhe von der legendären Ostwand des Watzmanns hinunter zum tiefblauen Königssee, der sich fjordartig in seiner Talfurche ausbreitet.

Ursprung hat sie vermutlich im Jahr 1635, als Salzburger Bürger als Dank für die überstandene Pest erstmals über das Hochgebirge nach St. Bartholomä am Königssee pilgerten.

Schriftlich erwähnt wurde die Wallfahrt 1688, allerdings aus tragischem Anlass: Ein offenes Holzboot, ein „Landauer", mit Pilgern war gekentert, 71 Gläubige kamen ums Leben. Noch heute machen sich jedes Jahr am Samstag nach dem 24. August (Bartholomäustag) bis zu 2000 Pilger auf den Weg über das Steinerne Meer von Maria Alm im Salzburger Land nach St. Bartholomä am Königssee. Rund neun Stunden sind sie unterwegs, bis sie gemeinsam einen feierlichen Schlussgottesdienst feiern.

Wie verwunschen liegt das Kärlingerhaus am Funtensee, dem kältesten Ort Deutschlands, in einer Senke des Steinernen Meeres. Das Haus wird nur zwischen Mai und Oktober bewirtschaftet.

Funtensee – der Kältepol Deutschlands

Berühmt geworden ist der Funtensee als kältester Ort Deutschlands: Weihnachten 2001 wurde hier mit −45,9 °C die bislang tiefste Temperatur in Deutschland gemessen. Meteorologen machen dafür die besondere Lage des Sees verantwortlich: Der 3,5 ha große und bis zu 5,30 m tiefe Funtensee liegt auf 1602 m Höhe in einer Senke am Rand des Steinernen Meers. Der See ist auf allen Seiten von Bergen umgeben, sodass die Strahlen der tief stehenden Sonne im Winter hier kaum eindringen können. In klaren Nächten strahlt die Restwärme ab, und die kalte Luft kann nicht abfließen. In der Folge sinken die Temperaturen stark, und ein Kaltluftsee entwickelt sich.

Wie seine kleineren Nachbarn, der Grünsee und der Schwarzensee, ist der Funtensee ein Karst- oder Blindsee, also ein Gewässer, das keinen oberirdischen Abfluss besitzt. Dies lässt sich mit der Entstehung des Sees erklären: Die Senke des Funtensees, auch Polje oder Uvala genannt, ist durch Verkars-

Nationalparkranger Josef Pfnür

Kaum ein Tag im Jahr, an dem Josef Pfnür, seit 1990 Ranger im Nationalpark Berchtesgaden, nicht in der Natur unterwegs ist, bei jedem Wind und Wetter. Obwohl dies keineswegs immer so romantisch ist, wie manche Besucher des Nationalparks sich das vielleicht vorstellen, möchte er seinen Beruf gegen keinen anderen eintauschen. Dabei wurde er erst über mehrere Umwege vor 28 Jahren Nationalparkranger: Nach einer Maurerlehre heuerte er 1985, als der Nationalpark Berchtesgaden gerade im Aufbau war, als Waldarbeiter an. Schon bald merkte er, dass er in dieser Richtung weitermachen wollte, engagierte sich und wurde als Einziger 1986 als Forstwirt übernommen und dann zum Nationalparkranger ausgebildet.

Offiziell bedeutet Ranger „geprüfter Natur- und Landschaftspfleger", aber das heißt keineswegs, dass man Tag für Tag allein durch den Wald streift. Zu den Aufgaben eines Nationalparkrangers gehört neben dem Naturschutz auch die Öffentlichkeitsarbeit. So führt Pfnür als Ranger regelmäßig Besuchergruppen durch die Schutzgebiete des Nationalparks Berchtesgaden, hält Vorträge – am liebsten zu seinem Spezialgebiet Vögel – und Seminare. Außerdem kontrolliert er im Nationalpark Lehrpfade, Informationstafeln und Hinweisschilder, erfasst dort vorkommende Pflanzen und Tiere, dokumentiert mögliche Veränderungen des Naturraums und achtet darauf, dass sich die Besucher zum Schutz der Landschaft an die Vorschriften halten. Das heißt auch mal, Müll einsammeln, den so mancher Besucher im Nationalpark einfach fallen lässt. Pfnür erklärt, womit das seiner Meinung nach zu tun hat: „Vielen Menschen ist gar nicht bewusst, dass sie hier in einem Nationalpark sind, sie erwarten Zäune und Eintrittsgelder, die es hier nun einmal nicht gibt."

Zum Schutz der Natur vor den Menschen

Im Nationalpark darf er anders als im Naturpark nicht in die Natur eingreifen, sondern muss sie sich selbst überlassen – auch wenn dann der Borkenkäfer die Bäume befällt und großen Schaden anrichtet ... Da ist es eine willkommene Abwechslung, interessierten Besuchern die Natur, Fauna und Flora des Nationalparks nahezubringen, beispielsweise auf der halb- oder ganztägigen Tour „Mit dem Nationalparkranger unterwegs". „Ich bemühe mich bei jeder Tour, individuell auf die jeweilige Gruppe einzugehen, das ist mir ganz wichtig", sagt Josef Pfnür.

Beliebt ist auch die Exkursion „Dem Murmeltier auf der Spur", bei der man Murmeltiere, in Berchtesgaden „Mankei" genannt, auf der Königsbachalm beobachten kann. Auf dem Weg dorthin erfährt man viel Wissenswertes über Vorkommen und Gefährdung, Lebensweise und Verhalten, natürliche Feinde und Fortpflanzungsstrategie dieser faszinierenden Tiere. Nicht minder spannend ist die abendliche Erforschung der Fledermäuse am Königssee. Mit etwas Glück kann man die „Kobolde der Nacht" sogar beim Jagen beobachten.

Manche Programme richten sich auch gezielt an Kinder, so etwa die Entdeckungsreise durch das Nationalparkhaus, eine spannende Alternative bei schlechtem Wetter.

Ob auf einer geführten Tour oder auf eigene Faust – der Nationalpark Berchtesgaden bietet zahlreiche lohnende Wandermöglichkeiten.

Öffentlichkeitsarbeit gehört zu den wichtigsten Aufgaben eines Nationalparkrangers.

Die kletterbegabte Gämse gehört zu den eher seltenen Bewohnern des Nationalparks.

Murmeltiere lassen sich zwar nicht immer blicken, hören kann man ihren unverwechselbaren Warnpfiff dafür umso öfter.

Im herbstlichen Abendlicht wirkt die Christlieger, die einzige Insel des Königssees, wie verzaubert. Die Marmorstatue des heiligen Johannes von Nepomuk wurde 1711 aus Dankbarkeit von einem geretteten Schiffbrüchigen gestifet.

tungsvorgänge entstanden. Während der letzten Eiszeit schürfte ein mächtiger Gletscher bereits bestehende Mulden im Untergrund noch tiefer aus. Nach seinem Abschmelzen hinterließ er Grundmoränenmaterial, das die Abflüsse bedeckte und abdichtete, wodurch sich der Funtensee aufstaute. Der See entwässert unterirdisch in die Teufelsmühle, weshalb man am östlichen Seeufer hinter einer Felswand ein gurgelndes Geräusch hört.

Das Geräusch und die Kälte sind nicht das einzige Unheimliche am Funtensee: Einer Sage nach soll hier der Teufel vorbeikommende Jäger in eine Falle gelockt haben. Er löste Gesteinsbrocken aus der Felswand, die sich am Boden in Silbermünzen verwandelten. Nahm ein Jäger die Münzen mit, konnte er zunächst ein lasterhaftes Leben in Saus und Braus führen, musste dem Teufel dafür aber seine Seele verkaufen. Später fand man seine verstümmelte, von Gesteinsbrocken erschlagene Leiche am Fuß der Felswand. Glücklicherweise nur eine Sage ...

Der Königssee – ein Kind der letzten Eiszeit

Zweifellos gehört der Königssee mit der Wallfahrtskirche St. Bartholomä zu den beliebtesten Fotomotiven und attraktivsten Reisezielen in ganz Bayern. Millionen Besucher aus aller Welt kommen jährlich hierher, um den See, der inmitten des Nationalparks Berchtesgadener Land liegt, per Elektroboot zu erkunden. Sie staunen über das einzigartige Flügelhornecho ebenso wie über die imposanten, direkt oberhalb des Sees aufragenden Berge, insbesondere der legendäre Watzmann regt die Fantasie an.

Entstanden ist der Königssee in seiner heutigen fjordartigen Form vor rund 10 000 Jahren. Sein V-förmiges Seebecken ist allerdings deutlich älter, es entstand wahrscheinlich im ausgehenden Jura vor etwa 140 Mio. Jahren durch eine Bruchzone im Fels, in die sich ein Fluss eingegraben hatte. Die endgültige Trogform erhielt der See durch einen gewaltigen Gletscher, der während der Würmeiszeit ein U-förmiges Tal mit einem 200 m tiefen Becken aushobelte. Nach dem Abschmelzen des Gletschers füllte sich das Becken mit Wasser, sodass ein großer, zusammenhängender See entstand. Gegen Ende der letzten Eiszeit stieß ein weiterer, allerdings deutlich kleinerer Gletscher zum See vor und schuf dadurch die Moräne, die bis heute den Obersee vom Königssee trennt. Imposant sind die gewaltigen Felsblöcke am Weg zwischen den beiden Seen, die auf einen Felssturz im Jahr 1172 zurückgehen. Durch seine Form und die Einbettung ins Gebirge liegt der See ausgesprochen windgeschützt, bekommt aber auch nur wenig direkte Sonnenstrahlung ab, sodass die Wassertemperatur maximal 16 °C erreicht.

Ein leichter Spaziergang führt vom Ort Königssee am Seeufer entlang, an idyllischen Bootshäusern vorbei zum sogenannten Malerwinkel, einem erhöht gelegenen Aussichtspunkt, von dem sich traumhafte Ausblicke auf den Königssee, die Wallfahrtskirche St. Bartholomä und die Schönfeldspitze, einen der höchsten Gipfel des Steinernen Meers, bieten. Diesen Blick wussten auch die Landschaftsmaler des 19. Jh. zu schätzen, die hierher kamen, um den See und die Kapelle in ihren Gemälden festzuhalten – daher der Name Malerwinkel.

Unzählige Male fotografiert und doch bis heute einzigartig ist die berühmte Wallfahrtskirche St. Bartholomä am Königssee mit ihren auffälligen Doppeltürmen. Das Bauwerk wurde nach dem Schutzherrn der Almbauern und Senner benannt.

Wallfahrtskapelle St. Bartholomä

Nach einer Fahrt mit einem der lautlos über den See gleitenden Elektroboote erreicht man die Wallfahrtskirche St. Bartholomä am Westufer des Königssees auf der gleichnamigen Halbinsel. Wer sich zu Fuß auf den Weg dorthin machen möchte, muss einen mehrstündigen Marsch durch teils hochalpines Gelände auf sich nehmen.

Bereits 1134 wurden auf der Halbinsel eine erste „Basilica in Künigsee" und ein fürstliches Schloss von der Fürstpropstei Berchtesgaden erbaut. Ende des 17. Jh. wurde die Kapelle im barocken Stil umgebaut und erhielt ihren charakteristischen Kleeblattgrundriss mit den drei halbrunden Apsiden. Die Stuckaturen im Inneren der Kapelle stammen von dem Salzburger Meister Joseph Schmidt. Auch das Schloss wurde im 18. Jh. zum Sommer- und Jagdschloss umgebaut; nach 1810, als Berchtesgaden zu Bayern gekommen war, hielten sich auch die bayerischen Könige gern hier auf. Heute ist das ehemalige Schloss öffentlich zugänglich; es beherbergt eine Gaststätte mit schön gelegenem Biergarten.

Ramsau – Bergidyll in malerischer Umgebung

Nach dem vor allem im Sommer viel besuchten Königssee ist das beschauliche Bergdorf Ramsau im gleichnamigen Tal ein echtes Idyll. Auch wenn der Fremdenverkehr eine wichtige Einnahmequelle der Bewohner ist, hat sich der Ort seine Ursprünglichkeit bewahrt, Souvenirstände mit dem üblichen Angebot sucht man hier vergebens.

Erstmals urkundlich erwähnt wurde Ramsau 1295, damals gehörte das ganze Gebiet dem mächtigen, 1102 gegründeten Augustiner-Chorherrenstift Berchtesgaden. Vermutlich gab es schon im 12. Jh. erste Siedlungen in der Ramsau, mit Sicherheit aber im 13. Jh. Vor allem Salzsäumer, Holzknechte und Bergbauern ließen sich in dem damals noch unerschlossenen Tal nieder, angezogen vom „Weißen Gold", wie man das kostbare Salz nannte. Bereits zu dieser Zeit führte ein Salzsäumerweg von Berchtesgaden durch die Ramsau und weiter über den Pass Hirschbichl in den salzburgischen Pinzgau. Auf der Ramsauer Ache wurde Holz zum Salzbergwerk transportiert. Seine erste Kirche erhielt Ramsau erst 1512, als der Berchtesgadener Fürstpropst ein Gotteshaus erbauen und es dem heiligen Sebastian, dem Schutzpatron der Holzknechte, weihen ließ.

Mit den bayerischen Königen, die sich nach 1810 häufig hier aufhielten, kamen auch andere Gäste in die Ramsau, sogar eine Künstlerkolonie wurde am Hintersee gegründet. 1816 wurde Ramsau eine eigenständige Gemeinde, 1817/18 wurde die Soleleitung gebaut, die das Salzbergwerk Berchtesgaden mit Bad Reichenhall verband. Über 100 Jahre wurde damit Salz befördert – heute kann man dem Verlauf der ehemaligen Leitung folgend eine schöne Panoramawanderung mit Blick auf den Watzmann, den Hohen Göll, die Reiter Alpe und andere Gipfel der Berchtesgadener Alpen unternehmen.

Das Kirchlein St. Sebastian vor seiner zauberhaften Kulisse ist ein beliebtes Motiv auf Ansichtskarten, Kalendern und Gemälden. Der Standort, an dem das Foto aufgenommen ist, hat daher auch den Beinamen Malerwinkel.

Von der Wimbachbrücke in Ramsau führt ein kurzer Spaziergang in die Wimbachklamm und von dort weiter ins Wimbachtal, das mittlere der drei Haupttäler der Berchtesgadener Alpen. Vor dem Besuch der Klamm kann man sich in der Nationalpark-Informationsstelle die besonderen geologischen Verhältnisse des Wimbachtals erläutern lassen. Beeindruckend sind die davor aufgestellten Dachsteinkalkblöcke, in denen sich zahlreiche Dachsteinkalkmuscheln oder Megalodonten befinden.

Auf Stegen durch die Wimbachklamm

Die rund 200 m lange Wimbachklamm, eine enge Schlucht mit teilweise überhängenden Felswänden, erreicht man über gut befestigte Stege und Treppen. 1847 wurde die Klamm erstmals für Besucher geöffnet. Entstanden ist sie in den harten Kalkschichten der Oberen Trias, und noch heute lassen sich an ihren Felswänden verschiedene Gesteine wie Flaserkalk, Radiolarit, Rotkalk und Hornstein erkennen. Die verstreuten Felsblöcke sind verwitterte Dolomite des Watzmanns und des Hochkaltermassivs, die nach starkem Regen und bei der Schneeschmelze als Schuttstrom in die Wimbachklamm und ins Wimbachtal geschwemmt wurden und werden.

Von der Klamm führen mehrere Wanderwege entweder zurück zur Wimbachbrücke oder weiter ins Wimbachtal. Der Aufstieg ins Wimbachtal beginnt mit Wiesen und lichtem Wald und führt schließlich über einen beeindruckenden Schuttstrom, der aus Gesteinsschutt der Dolomitgesteine aus dem hinteren Talbereich besteht. Das Wasser des Wimbachs fließt meist im Schuttstrom, bei starkem Regen wird der Schutt weiter talwärts geschwemmt. Auf 937 m Höhe präsentiert sich das 1784 als Jagdschloss erbaute Wimbachschloss heute als Berggasthof. Oberhalb des Schlosses lässt sich an den Felsen des Watzmannmassivs die Grenze zwischen Kalk und Dolomit gut ausmachen: Die Kalkschichten lassen eine Faltenlagerung

Die über 200 m lange Wimbachklamm lässt sich auf zahlreichen, abenteuerlich anmutenden Steigen erkunden (oben links).

Auch über die Talwände der Klamm stürzen die Wassermassen nach starken Regenfällen in die Tiefe (oben).

Der mächtige Bergstock der Reiter Alpe oder Reiter Alm besteht überwiegend aus stark zerklüftetem Dachsteinkalk. Links auf dem Foto das Mühlsturzhorn, rechts das Stadelhorn.

erkennen, der talaufwärts folgende Dolomit ist stark zergliedert. Es gibt die Möglichkeit, den Watzmann auf einer etwa 48 km langen Tour zu umrunden; diese Wanderung führt an der Wimbachgrieshütte auf 1327 m Höhe vorbei, einer Schutzhütte der Naturfreunde mit Übernachtungsmöglichkeit.

Blumenteppiche auf der Reiter Alpe

Eine ganz besondere Welt ist die Reiter Alpe oder Reiter Alm, wie die Einheimischen sie nennen. Sie gehört zu den neun Gebirgsstöcken der Berchtesgadener Alpen und bildet zudem ihre westliche Grenze. Die Felswände dieses Tafelgebirges bestehen größtenteils aus Dachsteinkalk, ihr Sockel dagegen aus Ramsaudolomit. Auf das etwa 10 km² große Hochplateau, das teils in Bayern, teils in Österreich liegt, führt keine Straße, es ist nur zu Fuß zu erreichen. Ruhe und Einsamkeit in den Bergen hat die Reiter Alm also durchaus zu bieten, allerdings erfordert der Aufstieg auf die bis zu 2286 m hohen Berge auch einiges an Ausdauer und Kondition. Dafür wird man aber mit einem besonderen Landschaftserlebnis belohnt: Die Reiter Alpe fällt an ihren Rändern nach allen Seiten steil ab, ihre Hochfläche ist hingegen mit Almen und Weiden sowie mit alten Zirbelwäldern bedeckt, und ihre Berge weisen abenteuerliche Gesteinsformationen auf. Da wundert es nicht, dass diese landschaftlich ungewöhnliche Hochfläche zu einem Geheimtipp für Wanderer, Bergsteiger und Kletterer geworden ist.

Doch auch Naturfreunde zieht es auf die Reiter Alpe, die vor allem im Frühjahr und im Sommer ein wahres Blumenmeer ist: Alpenrose, Edelweiß, Enzian, Kugelblume, Speik, Schusternagerl und andere Gebirgsblumen wachsen auf den Almwiesen und dem Kalk- und Dolomitgestein. Auch im Herbst ist sie ein traumhaftes Farbenmeer: Vor allem im nördlichen Teil leuchten dann Buchen, Weiden und schöne alte Zirbelwälder um die Wette.

Bereits im 15. Jh. wurde die Reiter Alpe im Sommer als Viehweide genutzt, von Bauern aus dem Berchtesgadener Land und dem Salzburger Pinzgau. Früher waren viele „Kaser", wie man die Almhütten hier nennt, den ganzen Sommer über bewirtschaftet. Inzwischen ist nur noch eine bayerische Sennerin auf der Halsalm anzutreffen; sie versorgt dort das Milchvieh. Wanderer können sich auf der Halsalm mit dem aromatischen, selbst gemachten Schüsserlkas stärken, und so mancher trinkt danach ein Stamperl Zirbenschnaps, eine weitere Spezialität der Region. Die anderen Bauern treiben nur noch Jungtiere auf die Alpe, die keine ständige Aufsicht brauchen.

Bis ins frühe 19. Jh. hinein erstreckten sich auf der Reiter Alpe ausgedehnte Wälder. Weil man jedoch Holz für die Saline in Reichenhall brauchte, wurde die Alpe im großen Stil gerodet. Deshalb gab es bald nicht mehr ausreichend Bäume auf der Reiter Alpe, und ab 1829 durften dort keine Bäume mehr gefällt werden.

Im nördlichen Teil der Reiter Alpe liegt Deutschlands höchstes Hochmoor, das so seltenen Tieren wie dem Birkhuhn und dem Schneehasen einen geschützten Lebensraum bietet. In der Mitte befindet sich das Reitertrett, dort sprudelt auch die einzige Quelle dieses Bergstocks. Die südliche Reiter Alpe ist hochalpin geprägt, ihre höchsten Gipfel sind Grundübelhorn, Mühlsturzhorn und Stadelhorn, die man aufgrund ihrer steilen Felswände auch Ramsauer Dolomiten nennt.

Während die Reiter Alpe am Rand steil abfällt, erstrecken sich auf ihrem Plateau saftige grüne Almen, ideale Weideplätze für Jungrinder, die sich für den Winter etwas Fleisch zulegen sollen.

Auch für diesen idyllisch vor der Reiter Alpe gelegenen Bauernhof sind Sommer- und Wintergäste ein willkommenes und notwendiges Zubrot.

„Schicksalsberg" Watzmann

Streng genommen ist der Watzmann kein einzelner Berg, sondern ein ganzes Bergmassiv. Zur sogenannten Watzmannfamilie, wie das Massiv nach der Legende auch heißt, gehören der Große Watzmann, der Kleine Watzmann, auch Watzmannfrau genannt, die Watzmannkinder, die Südspitze, das Hocheck und schließlich der eigentliche Gipfel, die Mittelspitze.

Der bayerische Heimatdichter Ludwig Ganghofer beschrieb 1894 in seinem Roman *Die Martinsklause* die sagenhafte Entstehung des Watzmann. Es wurde eines seiner beliebtesten Bücher. 1974 sang Wolfgang Ambros mit seiner Band das Lied „Watzmann, Watzmann – Schicksalsberg", das in den Folgejahren als Musical überaus erfolgreich war. Darin heißt es: „Groß und mächtig, schicksalsträchtig, um seinen Gipfel jagen Nebelschwaden. A Donnern schickt er oft ins Tal und dann schaudert's alle auf amal. Wann er donnert, Gott behüt, der Berg, der kennt ka Einsegn nit. Watzmann, Watzmann, Schicksalsberg, du bist so groß und i nur a Zwerg."

Was aber ist es, das diesen Berg so faszinierend macht, dass man sich Sagen über seine Entstehung erzählt und ihn als „Schicksalsberg" besingt? Zum einen seine Lage inmitten der Berchtesgadener Alpen: Majestätisch thront der Watzmann über dem Berchtesgadener Land und braucht den Vergleich mit anderen alpinen Größen wie dem Großglockner, dem Matterhorn und dem Montblanc nicht zu scheuen. Mit seinen 2713 m ist er nach der Zugspitze (2962 m) und dem Hochwanner (2744 m) zwar „nur" die Nummer drei der deutschen Alpengipfel, dafür kann er mit einem anderen, nicht minder beeindruckenden Superlativ aufwarten: Seine schroffe Ostwand ist die höchste Felswand der Ostalpen, der Höhenunterschied zwischen dem Fuß der Wand und dem Gipfel beträgt stolze 1800 m. Für viele Bergstei-

Morgenstimmung über der „Watzmannfamilie": Der Große Watzmann (rechts) und die Watzmann-Frau (links) neigen sich einander und den Watzmann-Kindern in der Mitte zu.

ger ist das Bezwingen der Ostwand, die im Wesentlichen aus einer Abfolge von Dolomit, tonigen Sandsteinen der Raibler Schichten und Dachsteinkalk besteht, ein Muss. Aber so mancher unterschätzt diese Herausforderung und bezahlt dafür mit dem Leben: Noch immer kommt es hier fast jedes Jahr zu tödlichen Unfällen; fast 100 Bergsteiger kamen an der Ostwand zu Tode.

Doch das kann der Faszination dieses imposanten Berges keinen Abbruch tun. Anders als die Zugspitze ist der Watzmann durch keinerlei Seilbahn erschlossen; seine Gipfel sind nur dem zugänglich, der sie mit eigener Kraft besteigt. Doch abgesehen von der Ostwand ist die Besteigung des Watzmanns keine alpine Höchstleistung, eher eine konditionell anspruchsvolle Bergtour. Diese kann und sollte vielleicht auch am 1928 m hoch gelegenen Watzmannhaus enden, denn bis zum Gipfel sind immerhin noch rund 800 nicht eben einfache Höhenmeter zu überwinden. Man sollte ihn nicht unterschätzen, den mächtigen Watzmann, sondern ihm immer den nötigen Respekt entgegenbringen.

Vom Hocheck auf die Mittelspitze – hochalpine Herausforderung

Bis 1799 war auf dem Hocheck, dem kleineren Vorgipfel des Watzmann, Endstation für Bergsteiger – keiner hatte sich bis dahin darüber hinaus gewagt. Ob es dann tatsächlich der slowenische Geistliche Valentin Stanic war, der 1799 oder 1800 als Erster den Grat vom Hocheck auf die 2713 m hohe Mittelspitze meisterte, ist umstritten. Unumstritten ist dagegen, dass die Kletterei in luftiger Höhe mit der damaligen Ausrüstung ein gewagtes Unternehmen war. Noch heute gilt die Empfehlung, dass man diesen Grat nur dann klettern sollte, wenn man über ausreichend hochalpine Erfahrung, ausgezeichnete Kondition, Trittsicherheit und Schwindelfreiheit verfügt, auch wenn er zum Teil mit Stahlseilen gesichert ist – und wenn sichere Hochwetterlage herrscht. Das Gipfelpanorama ist allerdings geradezu überwältigend: Bei gutem Wetter kann man bis zum Großglockner sehen. Aber auch der Abstieg über die Wimbachgrieshütte, die auf 1327 m Höhe liegt, erfordert Vorsicht und Konzentration.

Bis auch die Ostwand bestiegen wurde, sollte es noch eine Zeit lang dauern: 1881 gelang dies den Berchtesgadener Bergpionieren Johann Grill, genannt Kederbacher, und Ludwig Purtscheller. 1884 bestiegen sie die Mittelspitze zum ersten Mal im Winter. Der Watzmann ist eben ein Berg, der einen nicht mehr loslässt.

Ludwig Ganghofer

Er war einer der erfolgreichsten Autoren seiner Zeit, der 1855 in Kaufbeuren geborene Ludwig Ganghofer. Schon früh entschloss er sich, Schriftsteller zu werden. Seine Romane und Erzählungen spielen oft im bayerischen Alpenraum; ihre Figuren sind meist einfache Menschen, deren Schicksale und Erlebnisse Ganghofer eindrücklich beschreibt, so etwa in der *Martinsklause*, in der er auch Motive der Watzmannsage aufgreift. Ganghofer war überaus produktiv; viele seiner Romane und Erzählungen wurden auch verfilmt, darunter *Schloss Hubertus, Das Schweigen im Walde* und *Der Jäger von Fall*. Ganghofer starb am 24. Juli 1920 in Tegernsee, sein Grab liegt in Rottach-Egern neben dem Grab von Ludwig Thoma. (Im Bild: das Watzmannhaus)

Alle drei Jahre ziehen mit schweren Salzfässern beladene Pferdefuhrwerke durch Bad Reichenhall und erinnern an seine Vergangenheit als „Salzstadt".

Bad Reichenhall und die Salzgewinnung

Das bekannte Heilbad, in einem Talkessel zwischen Hochstaufen, Untersberg, Predigtstuhl und Reiter Alpe gelegen, zog bereits im 19. Jh. gekrönte Häupter, Staatsmänner und Künstler an. Sie kamen hierher, um das Reizklima, die Solequellen und die schöne Umgebung zu genießen. Doch lange vor den ersten Kurgästen hatte das „Weiße Gold" Macht und Reichtum in die Stadt gebracht. Vermutlich wurde hier schon in der Bronzezeit um 2000 bis 1000 v. Chr. Salz gewonnen, wie der Fund eines Randleistenbeils aus jener Zeit in der Nähe der Solequellen vermuten lässt. Etwa ab Christi Geburt begann man, das Salz, das bisher im Bergbau abgebaut wurde, aus Solequellen zu gewinnen. Aus der sprudelnden Quelle leitete man Wasser in große Sudpfannen und ließ es verdampfen, sodass am Ende das Salz übrig blieb.

Der erste schriftliche Nachweis für Sudpfannen in Reichenhall stammt allerdings erst aus dem 7. Jh.: Im Jahr 682 schenkte der Agilolfinger Herzog Theodor II. dem Salzburger Bischof Rupertus 20 „Pfannstädel", also Sudpfannen, und ein Drittel der „Quellschüttungen", der Solequellen. Damit wurde Reichenhall für die nächsten Jahrhunderte zum Zankapfel zwischen Bayern und Salzburg, kirchliche und weltliche Herren wechselten als Besitzer der Solequellen. 1159 wurde Reichenhall erstmals als Stadt erwähnt, damals war es bereits das Zentrum der Salzgewinnung für das südliche Mitteleuropa. Allerdings litt im Lauf der Zeit die Qualität der Solequellen darunter, dass immer häufiger Süßwasser eindrang. Das änderte sich erst, als die beiden bayrischen Herzöge Georg der Reiche und Albrecht IV. zwischen 1483 und 1532 alle noch in der Hand von bürgerlichen Siedeherren befindlichen Sudstätten in ihren Besitz brachten und die technischen Anlagen erneuern ließen. Ein Stollen wurde angelegt, in den man vom Hauptbrunnenhaus hinuntersteigen konnte. Die Solequellen wurden in einem zentralen Schacht zusammengefasst, das Süßwasser in einen unterirdischen Kanal abgeleitet. Auf diese Weise konnte die Salzproduktion deutlich gesteigert werden, bis zum 17. Jh. auf 370 000 Zentner pro Jahr. Doch dafür waren enorme Mengen an Brennholz nötig, sodass die Wälder rund um Reichenhall bald abgeholzt waren und das Holz aus der weiteren Umgebung herangeschafft werden musste. Eine 32 km lange Rohrleitung wurde von Reichenhall ins waldreiche Traunstein zu einer neuen Saline gebaut. Auf dem Weg dorthin musste sie 250 Höhenmeter überwinden – damals ein riesiges technisches Problem. Schließlich wurde der Münchner Hofbaumeister Hans Reiffenstuel damit beauftragt, die Technologie der Münchener Trinkwasserversorgung in erweiterter Form zum Einsatz zu bringen. Mithilfe von sieben Kolbendruckpumpen, betrieben von 7 m hohen Wasserrädern, gelang es ihm, die Sole stufenweise anzuheben. Allerdings gab es in extremen Trockenperioden oft nicht genug Wasser, um die Räder anzutreiben – dann musste dies mit Muskelkraft erfolgen.

Schon vor mehreren Tausend Jahren wurde „das Weiße Gold" in der Gegend um Reichenhall abgebaut.

Technische Pionierleistung

Den richtigen Durchbruch brachte erst die Soleleitung zwischen Berchtesgaden und Reichenhall, die König Max I. 1816 vom Königlich Bayerischen Salinenrat Georg von Reichenbach erbauen ließ. Mit der berühmten, nach ihm benannten Pumpe gelang es Reichenbach, die Höhenunterschiede entlang der Soleleitung zu überwinden. Bis heute kann man die historischen Anlagen in der Alten Saline, im Salzbergwerk Berchtesgaden sowie auf dem Wanderweg entlang der Alten Soleleitung von Berchtesgaden nach Ramsau bestaunen. Doch 1834 zerstörte ein verheerender Stadtbrand einen Großteil der Anlagen. König Ludwig I. ließ eine neue Saline errichten, bis heute ein bemerkenswertes Beispiel für frühe Industriearchitektur. Im prachtvollen Hauptbrunnenhaus sind inzwischen der Quellenbau und das Salzmuseum untergebracht, die Salzproduktion selbst ist längst in die moderne Saline Bad Reichenhall umgezogen.

Noch heute wird der Quellenbau der Alten Saline (unten) für therapeutische Zwecke genutzt. Sommers wie winters herrschen hier konstante Temperaturen.

Das Kernstück der Alten Saline ist das Hauptbrunnhaus (unten links) mit seiner neobyzantinischen Kapelle, die dem heiligen Rupert geweiht ist.

Bayerische Alpenküche – Almkäse und Kaminwurzn

Ursprünglich war die bayerische Alpenküche eine Arme-Leute-Küche, in der mit viel Milch und wenig Fleisch gekocht wurde.

Verwendet wurde das, was je nach Jahreszeit auf der Alm, am Berg und im Tal wuchs und was die eigenen Nutztiere hergaben. Um auch im Winter gut über die Runden zu kommen – so manches Dorf und erst recht manche Alm waren oft wochenlang von der Welt abgeschnitten –, wurden Pilze und Gemüse eingelegt, man trocknete oder räucherte Fleisch und stellte aus Äpfeln und anderem Obst Kompott und Marmeladen her. Auch wenn die Verkehrsverbindungen inzwischen besser geworden sind, hat sich die Küche in den Bayerischen Alpen vielerorts ihre Einfachheit und Ursprünglichkeit bewahrt. Eintönig ist sie dennoch keineswegs, denn die Natur bietet eine erstaunliche kulinarische Vielfalt. Und dank ihrer natürlichen Zutaten aus der Region liegt die bayerische Alpenküche ganz im Trend der gesundheits- und umweltbewussten Ernährung. Da wundert es nicht, dass manche Bergbauern inzwischen Händler in ganz Deutschland beliefern.

Doch was findet man nun auf den oftmals handgeschriebenen Speisekarten der Hütten und Almen in den Bayerischen Alpen? Natürlich gibt es große Unterschiede, je nachdem, ob eine Hütte im hochalpinen Gelände liegt, wo sie nur selten per Hubschrauber mit Lebensmitteln versorgt werden kann, oder am Ende einer leicht erreichbaren Forststraße. Dennoch gibt es auch zahlreiche Gemeinsamkeiten.

Zu einer bayerischen Brotzeit gehören: würziger Obazda, in Scheiben geschnittener Radi, zarte Radieschen, eine knusprige Brezn und natürlich ein frisch gezapftes Bier.

Kaminwurzn (oben) schmecken nicht nur nach einer Bergtour. Eigentlich stammen die geräucherten und luftgetrockneten Würste aus Tirol, mittlerweile sind sie aber auch in Oberbayern sehr beliebt.

Gemütlich in der Sonne vor der Hütte sitzen, Spezialitäten aus den Bergen genießen und dazu ein erfrischendes Getränk (links) – was will man mehr?

Deftige Brotzeiten

Auf nahezu jeder Hüttenkarte steht Käse, meist als Bergkäse oder Almkäse bezeichnet. Viele wissen nicht, dass diese beiden Käsesorten zwar einen ähnlichen Namen, sonst aber nichts miteinander zu tun haben: Bergkäse wird das ganze Jahr über in Käsereien im Tal hergestellt und verkauft, Almkäse dagegen nur im Sommer direkt auf der Alm. Da die Kühe in ihrem „Urlaub" auf der Alm würzige Alpenkräuter und frisches Gras fressen, hat der Almkäse einen besonders aromatischen und unverwechselbaren Geschmack. Seine Qualität hängt auch von der Höhe der Almgebiete ab: Je höher die Alm liegt, desto

Alle Arten von Milchprodukten, vorallem Käse, sind auf den Almhütten eine besondere Köstlichkeit.

vielfältiger ist das Angebot an Bergkräutern und desto würziger schmeckt der Almkäse. Eine bayerische Besonderheit ist der Obazda, eine würzige Käsecreme, deren Rezept kein Hüttenwirt gern preisgibt. Auf alle Fälle gehören Butter, Camembert und Paprika hinein, der Rest ist geheim.

Auch geräucherter Speck, Schinken und deftige Würste wie Kaminwurzn und Landjäger werden zur Brotzeit gegessen, oft mit Essiggurken, Radieschen oder frischem Rettich – „Radi" – serviert. Überhaupt spielt die Brotzeit in der bayerischen Alpenküche eine wichtige Rolle: Sie ist schnell zubereitet, Käse, geräucherten Speck und Schinken kann man gut eine Zeit lang aufbewahren, und dazu passt ein frisches Bier oder ein Radler ganz ausgezeichnet.

Nicht nur die Milch der Almkühe bringt aromatischen Käse hervor, auch das Fleisch der Tiere, die den Sommer auf der Alm verbracht haben, schmeckt hervorragend – ob es sich dabei nun um Kühe, Kälber, Schafe oder Ziegen handelt. Die Zubereitungsweisen sind vielfältig: Das Fleisch wird als kräftiger Braten oder kurz gebraten angeboten, mit Sauce geschmort oder zur Abwechslung auch einmal kalt, dünn aufgeschnitten und mariniert als feiner Salat. Im Herbst, der Jagdsaison, kommt auch Wild aus der jeweiligen Umgebung auf den Speiseplan. Dann landen Hirsch und Reh, aber auch Gämse und manchmal sogar Steinbock auf den Tellern. Mancherorts wird auch Mufflon gejagt, dessen Fleisch ebenso wie das der Gämse als Delikatesse gilt. Vor allem junge Tiere liefern sehr zartes Fleisch, während das von älteren Tieren aromatischer ist, vor der Zubereitung jedoch mariniert werden sollte.

Speckknödel und andere reichhaltige Beilagen

Auch heute noch gehen Senner und Bergbauern einer körperlich anstrengenden Arbeit nach. Da ist es wichtig, dass sie genügend kohlenhydrathaltige Beilagen zu sich nehmen. Ähnliches gilt natürlich für Wanderer und Bergsteiger. Deshalb sind Nudeln ein wichtiger Bestandteil der Alpenküche, oftmals gefüllt als Kasnudeln oder Schlutzkrapfen oder als Suppeneinlage.

Nicht zu vergessen sind die verschiedenen Knödelarten, die einen weiteren unverzichtbaren Bestandteil der bayerischen Alpenküche darstellen. Es gibt süße und herzhafte Knödel, große und kleine, sie werden als Beilage, Hauptgericht, Suppeneinlage oder Dessert serviert. Die Zutaten sind variabel: altbackene Semmeln, Kartoffeln, Mehl oder Grieß, oft vermischt mit Speck, Käse, Spinat oder als süße Variante mit Zwetschgen oder anderem Obst. Auch die Reste vom Vortag lassen sich gut für Knödel verwenden wie auch die Knödel selbst am nächsten Tag klein geschnitten und in der Pfanne geröstet ein wohlschmeckendes Essen sind. Auf der Speisekarte findet man sie als „Gröstl".

Ein beliebtes Hauptgericht im Alpenraum sind die deftigen Speckknödel, die man in Oberbayern und Südtirol gern isst. Dafür werden altbackene Semmeln und Speckwürfel zu einem Knödelteig verarbeitet und in Salzwasser gekocht.

Süßes und Flüssiges aus den Bergen

Die bayerische Alpenküche ist nicht nur für ihre deftigen Speisen bekannt, es gibt auch eine ganze Reihe von süßen Gerichten, die einem das Wasser im Mund zusammenlaufen lassen. Ganz oben in der Gunst vieler Gäste steht der ursprünglich aus Österreich stammende Kaiserschmarrn, mittlerweile fester Bestandteil der Alpenküche. Das gilt auch für den selbst gemachten Apfelstrudel; manchmal wird dieser auch als Topfenstrudel angeboten – „Topfen" ist das bairische Wort für Quark –, was seinem Geschmack aber keinerlei Abbruch tut. Nicht zu vergessen die verschiedenen hausgemachten Kuchen, je nach Jahreszeit mit Obst belegt oder mit Nüssen, Mandeln und Schokolade verfeinert. Im Herbst gehört der Zwetschgendatschi auf die Kuchenkarte, entweder klassisch mit Hefeteig oder nicht minder fein mit Mürbeteig und Butterstreuseln. Auch Schmalzgebäck ist sehr beliebt in der bayerischen Alpenküche, allen voran die mächtigen Schmalznudeln, die lauwarm serviert und mit Puderzucker bestäubt einfach unwiderstehlich sind.

   Wo gut gegessen wird, sollte auch das Trinken nicht fehlen, vor allem nicht nach körperlicher Anstrengung. Besonderer Beliebtheit erfreuen sich mittlerweile die verschiedenen Fruchtschorlen: Gab es lange Zeit nur Apfelschorle, so werden heute Rhabarberschorle, Johannisbeerschorle und als besondere Spezialität Holunderblütenschorle – oft aus selbst gepflücktem Holunder – angeboten. Erfrischend wirkt natürlich auch ein Glas „Helles", also Bier, das in einer für ihre Bierkultur berühmten Gegend wie Oberbayern nicht fehlen darf. Mit Zitronenlimonade vermischt wird daraus ein „Radler". Wer nach dem Essen etwas für die Verdauung tun möchte, greift zu einem typischen Obstler oder einem Kräuterschnaps. Im Winter wärmen ein Jagatee, ebenfalls ein Klassiker der bayerischen Alpenküche, und ein Glühwein, eventuell noch mit einem Schuss Rum versetzt. Doch dann sollte man keinen langen Weg mehr vor sich haben.

Ortsregister

Impressum

Autorin: Martina Gorgas
Fotografen: Bernd Römmelt, Martin Siepmann
Kartografie: Astrid Fischer-Leitl

Producing

Lektorat: Dr. Ulrike Kretschmer
Satz und Layout: Frank Duffek
Herstellung: Bettina Schippel
Repro und technische Produktion: Repro Ludwig, Zell am See
Projektleitung Bruckmann Verlag GmbH: Dr. Birgit Kneip

Reader's Digest

Redaktion: Stefan Kuballa (Projektleitung)
Grafik: Gabriele Stammer-Nowack
Chefredakteurin Ressort Buch: Dr. Renate Mangold
Art Director: Susanne Hauser

Produktion:
arvato print management: Thomas Kurz

Dieses Buch entstand in Zusammenarbeit zwischen der Bruckmann Verlag GmbH und Reader's Digest Deutschland, Schweiz, Österreich, Verlag Das Beste GmbH, Stuttgart, Zürich, Wien

Genehmigte Sonderausgabe für Reader's Digest Deutschland, Schweiz, Österreich
Verlag Das Beste GmbH, Stuttgart, Zürich, Wien
© 2013 Bruckmann Verlag GmbH, München
© 2013 Reader's Digest Deutschland, Schweiz, Österreich –
Verlag Das Beste GmbH

Druck und Binden:
Guangzhou Fung Choi Printing Co., Ltd, Guangzhou

GR 0191/L/S

Printed in China

ISBN 978-3-89915-946-2

Besuchen Sie uns im Internet
www.readersdigest.de | www.readersdigest.ch | www.readersdigest.at

Bildnachweis

(o = oben, u = unten, l = links, r = rechts, M = Mitte)

Umschlagmotiv: Wetterstein mit Alpspitze und Zugspitze von Norden; - vorne der Riegsee mit Murnau © Bernd Römmelt
S. 1: Landhaus Christlieger, Schönau am Königssee (Martin Siepmann)
S. 2-3: Blick vom Wallberg, hinten Hinteres Sonnwendjoch (Bernd Römmelt)
S. 4-5: Watzmannmassiv mit Hochkalter, Spiegelung im Hintersee (Bernd Römmelt)

© Bayerische Zugspitzbahn Bergbahn AG: S. 17 o.
Bildagentur Huber/Gräfenhain: S. 53 o., 66 u. (Schmid), 125 (Schmid), 140, 147 o. (Stadler).
Ralf Gorgas: S. 24 (3), 74, 75 (4), 106, 107 (5), 141, 143 o. (2).
Jost Gudelius: S. 88
Artur Haney: S. 34
LOOK Die Bildagentur der Fotografen: S. 63 (von Felbert), 80, 104 l., 123 u. (Strauss),
PD/ Kauk0r: S. 37 u.r.; PD/Franzfoto: S. 30 u.
Picture alliance/dpa: S. 17 u. (Schirner-Sportfoto-Archiv), 29 (DUMONT Bildarchiv), 44 u. (akg-images/Jerome da Cunha), 53 u., 65 o. r. (dpa - Report/Düren), 81 o. und u. (WILDLIFE), 92 (dpa-Zentralbild), 102/103 (Bildagentur Huber), 103 o. (2; Hur), 104 r. (Hur), 108 u. (Kneffel dpa/lby), 119 (2; Mayall), 129 (Arco Images), 153 o.r. (WILDLIFE), 154 (chromorange), 155 l. (Bildagentur Huber), 155 r. (Arco Images), 157 o. (stockfood).
Bernd Römmelt: S. 4/5, 6/7, 12, 13, 16, 19 o., 22 (2), 23, 31, 32 u., 33 u., 35, 37 gr. Bild und l. u., 38, 39, 42 (2), 46, 48 o., 49, 56 o., 58 u., 59 (2), 62 (2), 64/65, 70, 71 u., 73 (2), 76 l., 77, 79 o. und u., 80/81 (gr. Bild), 82, 83 o., 84 o., 86, 96, 97, 98 o., 100 o., 108 o., 111, 112 u. l., 114 o., 116, 117, 122, 128 (2), 130 u., 132, 135 (3), 136 u., 137 (2), 141, 143 u., 144, 147 u., 148, 149 (2), 151, 157 u.
Martin Siepmann: S. 1, 2/3, 8/9, 10/11, 14/15, 15 u., 18, 19 u., 25, 26, 27 (2), 28/29, 29 l., 30 o., 32 o., 36 (2), 40 (2), 41, 43, 44 o., 45, 47 (2), 48 u., 50 (2), 51, 52 (gr. Bild), 54, 55, 56 u., 57, 58 o., 60, 61, 65 o. l., 66 o. (2), 67, 68, 69, 71 o., 72, 76 M. und r., 78, 79 M., 81 o.r., 83.u., 84 u., 85, 87 (2), 89 (2), 90, 91 (2), 93 (2), 94 (2), 95, 98 u., 99, 100 u., 101, 105, 109, 110, 112 o.r., 113, 114 u., 115, 118, 120/121 (2), 123 o., 124 (2), 126, 127 (2), 130 o., 131, 133, 134, 136 o., 138/139 (3), 145, 146, 150, 152, 153 u., 156.

Mit freundlicher Genehmigung: Bayerischen Schlösserverwaltung, www.schloesser.bayern.de für den Abdruck der Bilder auf S. 46-47 (3), 64/65 (2), 131; Wittelsbacher Ausgleichsfonds München, S. 44 (2)